KB244712

텅 빈 사랑보다 꽉 찬 삶을 위한 여정

나에게
연애를 가르친
세 명의
남자친구

텅 빈 **사랑**보다
꽉 찬 **삶**을 위한 여정

나에게
연애를 가르친
세 명의
남자친구

김지윤 글

리즈앤북
ries & book

당신이 없는 오늘의 삶은 어제의 찌꺼기일 뿐.

— 영화 「아멜리에」 중에서

히폴리토는 사랑에게 다음과 같은 고백을 한다.

우리는 사랑을 하고 상처받고 또 사랑을 찾는다.

우린 '사랑'과 사랑에 빠져 있다. 우리의 종교이자 마약이다.

사랑보다 좋은 것은 없다고 분명히 알고 있는데, 정작 세상은 사랑에 상처받고 있다.

우린 왜 사랑에 아파하는가?

우린 언제까지 사랑의 환자가 되어야 하는가?

외국인 친구와 카톡으로 대화를 하고 있었다. 대화를 마치고 인사를 하면서 사랑한다고 전했다. 친구는 대답했다.

"live you!"

"love you!"를 친다는 게 오타가 났다는 것쯤은 알고 있었다.

그러나 순간 사랑^{love}과 살다^{live}의 차이를 생각하게 되었다. 우리가 사랑에 이토록 집착하는 이유는 바로 '살아 있음'을 느끼고 싶기 때문인지도 모르겠다.

'사랑해'가 '살아해'로 오타가 나는 것도 과연 우연일까?

이 책은 진짜 사랑 이야기다.

그동안 꿈꾸어왔던 이상적인 사랑에 대한 허상들을 무너뜨릴 책이다.

자본주의, 포르노, 유교사상…… 일방적으로 주입된 가치관 때문에 우리의 사랑이 오염되고 있다.

더 이상 기존의 연애 이론은 현대 남녀에게 적용되지 않는다는 것도 모른 채 말이다. 사회와 문화의 가치관 변화에 따라 연애방식도 달라져야 한다.

우린 거짓 사랑에 속는 매트릭스에 살아가고 있다.
우리가 아는 사랑은 텅 비어 있는 껍질뿐이다.
이 껍질 같은 '사랑'은 버리고 호기심, 유치함, 자기애,
손가락질, 새로움 등으로 꽉 차서 터질 듯한 '삶'을 배워
야 할 때가 왔다.

어쩔 텐가? 파란 약을 택해서 매트릭스로 돌아갈 것인
가? 아니면 빨간 약을 택해서 진실을 알아볼 텐가?

차
례

프롤로그 — 5

거짓
사랑에

그만
속자

비비디 바비디 부! 디즈니에게 당한 여자들 — 13

노모? 거유? 포르노에게 당한 남자들 — 17

개념 없는 김치녀가 만든 남녀 먹이사슬 — 21

사랑은 유행이다, 아무나 잡아다 사랑해라 — 25

'썸'이란 자신 없는 남녀의 자신 없는 사랑하기 — 31

사랑과
섹스는

다르다

우리는 왜 사랑하는가? — 38

사랑과 섹스에 대한 환상은 버려라 — 43

슈퍼마리오, 사랑을 위해 떠나다 — 47

사랑하려면 사랑은 버려라 — 52

우리, 섹스 얘기하자 — 57

여자에게
사랑이란

나만
보는 것

여자의 꿈은 정비공이었나 보다 — 67

야동 보는 내 남자 — 71

남자는 늑대? 남자는 돼지! — 76

초코, 바닐라 아니면 혼합? — 81

사실, 남자도 사람이다 — 86

남자에게
사랑은

좀
내버려
두는 것

남자도 두려워하는 것이 있다 — 97

사이즈가 정말 중요해? — 100

여자도 여자가 뭘 원하는지 모른다 — 105

배트맨과 캣우먼 — 110

여자에게 가장 좋은 선물 — 114

꽃 날리는
영화 속 사랑,

나도
하자
좀!

연애찌개에 낭만은 MSG! — 122

외도 방지 시소 타기 — 127

연애도 많이 해봐야 잘 한다고? — 132

이혼은 사랑의 실패가 아니다 — 136

헤어짐, 그 이후 — 140

진실된
사랑

적용편

사랑하지 말고 호기심을 가져라 — 150

SHINE 법칙 사랑 매뉴얼 — 159

다름은 있되 틀림은 없다 — 164

싸움의 기술은 손가락질 — 169

거꾸로 버킷리스트 — 175

부록 나에게 연애를 가르친 세 명의 남자친구 — 184

에필로그 — 194

거짓
사랑에

그만
속자

비비디 바비디 부!
디즈니에게 당한 여자들

　백설공주, 잠자는 숲속의 공주, 인어공주, 신데렐라 등 클래식 디즈니의 공주 만화영화를 보고 자란 소녀라면 이미 꿈은 정해져 있다. 예쁘고 착하게 살다가 멋진 왕자님과 결혼하는 것!

　디즈니는 이렇게 여자를 '연약하고 남자에게 기대야 하는 존재'로 각인시켰고, 이렇게 만들어진 사회에서 여자는 '결혼하지 못하면 실패한 여성', '아이 대신 일을 택하면 실패한 여성'이 된다.

　그렇지만 여자가 진짜 필요하고 원하는 건 무엇일까?

　여자는 옷도 필요하고, 화장품도 필요하고, 구두도 필요하고, 가방도 필요하고, 친구도 필요하고, 커피도 필요하고…… 참으로 욕심이 끝없는 존재다.

이런 존재에게 '결혼'만을 꿈꾸라는 게 말이 되는 걸까?

남자와는 다르게 한꺼번에 여러 가지를 할 수 있는 여자는 훨씬 더 큰 꿈을 가지는 게 적합하다.

하지만 여전히 뛰어난 여자 대통령, 여자 회장, 여자 운동선수는 남자 대통령, 회장 또는 운동선수보다 더 많은 이슈를 끌게 된다. 여자는 그만큼 남자보다 못하다는 인식이 전재한다는 뜻이다.

말도 안 되는 얘기다. 내가 여자이기 때문에 여자 편을 드는 것이 아니다. 어느 평범한 여자를 봐도 여자는 위대한 존재라는 것을 알 수 있다.

우리 어머니는 단 한 번도 직업을 가져본 적이 없다. 대학 졸업 후 바로 결혼해서 아이 둘을 낳고 기르며 전업주부로 살아온, 지극히 평범한 아줌마다.

우리 어머니 같은 평범한 아줌마는 많고 많다. 그들의 일

상을 살펴보자. 된장찌개와 고등어조림과 나물무침을 동시에 요리한다. 그 와중에 빨래를 돌리고 아이를 본다. 또 회사일로 지쳐 집에 돌아온 남편의 이야기도 모두 차분히 받아칠 수 있는 능력을 가졌다. 최소한 여덟 개의 눈, 스무 개의 팔이 있어야 가능한 일일 것 같은데, 두 개의 눈과 두 개의 팔을 가진 평범한 아줌마가 이걸 다 해낸다. 현모양처보단 슈퍼 히어로란 표현이 훨씬 잘 어울린다.

여자들이여, 이제 디즈니의 속임수에 그만 넘어가자! 신데렐라는 10대 소녀이면서 12시 넘어서까지 놀았고, 피노키오는 거짓말을 했고, 알라딘은 도둑질을 했고, 백설공주는 일곱 명의 남자와 같이 사는 여자였다. 우린 디즈니의 말을 들을 이유가 없다.

여자는 남자보다 강하고 똑똑한 존재다. 이제 그걸 인식하고 세상에게도 인정받을 때가 왔다. 언제 올지 모르는 왕자를 기다리며 허송세월을 하는 것은 예비 슈퍼 히어로에게는 어울리지 않는다. 허울 좋은 공주 옷 따위 벗어던지고 우리 스스로 왕자를 찾아 나서자. 꼭 왕자를 만나야겠다면 말이다!

노모? 거유?
포르노에게 당한 남자들

시대에 따라 조금씩 형태는 달라졌을지라도 남자라면 야동 한 번쯤 안 본 사람은 없을 것이다. 더구나 요즘 같은 인터넷 세상에는 야동을 찾아보는 것도 매우 쉬워졌다. 성적 다양성이나 페티시 같은 취향은 물론이고, 세상에 존재하는지도 몰랐던 변태적이고 위험한 섹스를 담은 야동도 널려 있다.

성적 호기심이 강해지는 사춘기가 되면 소년들은 저마다의 루트로 포르노를 접하게 된다. 아니, 사춘기가 오기 전일지도 모르겠다. 포르노를 처음 접하는 평균 나이가 열한 살이라고 하니 말이다.

아직 남녀의 사랑을 이해하기도 전에, 평균 11세 소년들은 사랑보다 먼저 야동으로 섹스에 대해 배운다. 사랑과는 전혀 상관없는 섹스, 낯선 사람들끼리의 전후 사정없는 섹스, 친밀감 따위 없이 정욕만을 채우기 위한 섹스…… 그리고 하드코어의 섹스에 황홀해 하는 육감적인 여자들을 본다. 그리고 섹스는 그런 것이라 생각하게 된다.

야동의 주 고객은 남자이기 때문에 남자를 최대한 자극할 만한 양념들을 첨가한다.

일단 남자에겐 필요하지 않은 애무나 전희는 배제한다. 그럼에도 불구하고 희한하게 포르노의 여자는 늘 섹스를 할 준비가 되어 있다. 그 여자들은 늘 남자가 원하는 섹스를 원하고 즐거워한다. 그리고 너무 쉽게 오르가슴에 달한다.

그러나 현실은 너무 다르다. 일단 여자는 야동의 주인공처럼 그렇게 대범하지 못하다. 사실 여자에게 섹스란 쾌락보다는 친밀감을 위한 것이다. 남자는 야동에서 보는 섹스를 기대할지 몰라도, 여자는 영화의 몽환적인 베드신을 기대한다.

남자는 야동의 여자들과 다르게 반응하는 여자가 내숭을 떤다고 생각할지 모른다. 혹은 '이 여자가 날 사랑하지 않나?' 의심한다. 어떤 이는 야동의 주인공들과는 달리 쾌락에 취하지 않는 여자들을 바라보며 자신감을 잃는다. '보통' 남자들은 이 정도만 해도 여자들을 미치게 만드는데 자신의 테크닉에 문제가 있는 걸까 자책하며…….

자신감을 잃은 남자는 더욱 포르노에 기대게 된다. 왜냐하면 포르노는 나에게 실망하지 않으며, 포르노 또한 나를 실망시키지 않기 때문이다. 그러나 남자는 똑같은 것에 익숙해지면서 더욱 강력한 자극을 필요로 하게 된다. 그리고 곧 보는 것만으로 만족하지 못하게 된다. 그래서 붐이 된 유흥업소들이 있다. 안마방, 키스방, 귀청소방…… 일종의, 포르노의 연장이라고 볼 수 있다.

하아~

포르노그래피. 그리스에서 유래된 단어로 '성매매'와 '기록'을 뜻하는 합성어다. 섹스의 기록이 아니라 성매매의 기록이란 것이다. 그러나 남자들은 그것이 섹스이고, 사랑이라 세뇌 당한 채 여자에게 가르치려고 든다. 섹스는 이렇게 하는 거야, 야동을 통한 왜곡된 지식으로 리드하고 싶어 한다.

그러나 사랑과 섹스는 서로에게 해를 끼치지 않기 위한 근본적인 기준선을 빼고는 일방적으로 가르칠 수 있는 것이 아니다. 함께 배워 나가야 하는 것이다.

섹스란 내가 믿고 나를 인정해주는 사람과 나의 섹슈얼리티를 탐구하는 몸짓이다. 야동에서 보여주는 단순한 쾌락보다는 훨씬 복잡하고 아름다운 과정인 거다.

개념 없는 김치녀가 만든
남녀 먹이사슬

가진 것 없이 남자에게 받으려고만 하는 개념 없는 한국 여자를 나는 '김치녀'라고 부른다. 소개팅을 할 때 남자는 주선자에게 한마디만 물어본다. "예뻐?" 조금 까다로운 남자라면 "착해?" 정도까지. 그러나 김치녀는 상대방 자체에 대해서는 궁금해 하지 않는다. 오히려 그의 연봉, 차, 학벌 등 조건에 대해 물어본다. 김치녀는 당연히 본인보다 높은 연봉, 좋은 차, 그리고 좋은 학벌을 가지고 있는 남자인지 계산하고 따진다. 본인보다 좋은 조건을 가진 남자만 만나겠다며 남자를 걸러낸다.

여자는 남자에게 본인을 무시해도 좋다고 허락하는 것

이다. 여자가 남자에게 바랄 것은 여러 가지지만 남자가 여자에게 바랄 것은 고작 외모뿐이라는 것이다. 김치녀란 용어가 만들어질 정도로 한국의 남녀체계가 망가지고 있다.

　김치녀들이여, 민망한 줄도 알아라.

김치녀는 자신이 가장 좋은 것만 받아야 마땅하다고 생각하는 여자가 아니다. 자아 존중감이 낮은 여자다. 나쁜 남자에게 당하기 가장 적합한 여자 말이다. 좋은 조건들을 가지고 있는 사람들로 인해 행복하기 원한다면, 바로 내가 그 사람이 되면 된다. 내가 그 조건들을 갖추면 되는 것이다.

전 미국 대통령 클린턴 부부의 일화가 생각난다. 빌 클린턴은 임기 때 아내 힐러리 클린턴과 자신들의 고향을 방문했는데, 이때 우연히 힐러리 클린턴의 전 남자친구가 주유소를 운영하고 있다는 사실을 알게 되었다.

빌 클린턴은 아내에게 말했다.
"당신이 저 남자와 결혼했다면 당신은 고작 주유소 운영자의 아내일 거야."
그러자 힐러리 클린턴이 대답했다.
"내가 만약 저 남자와 결혼했다면 저 남자가 대통령이 되어 있을 거야."

이게 정답이다. 여자는 남자를 바꾸고 세상을 바꿀 능력을 가졌다. 그런 여자가 남자에게 기대려고만 한다면, 그거야말로 자신을 낭비하는 일이다.

스스로를 고작 외모로만 판단되는 여자로 한정지으면 안 된다. 아무 근거 없이 자신을 깎아내리는 것은 겸손이 아니라 무지이다. 부와 명예와 지식과 카리스마를 가진, 사랑받기에 합당한 '귀한' 여자가 되어야 한다. 여자는 남자란 태양의 빛을 반사하는 달이 아니다. 스스로도 빛나는 존재가 되어야 된다.

사랑은 유행이다,
아무나 잡아다 사랑해라

현재 20~30대 커플들은 자본주의를 먹여 살리는 연애 사업을 하고 있다. 100일, 200일, 300일, 1주년 기념이 모자라 22일째인 투투데이와 빼빼로데이, 화이트데이, 로즈데이와 키스데이까지 챙겨야 한다. 당연히 크리스마스 등 가족 공휴일도 연인과 함께 보내는 날로 지정되어 있다.

한 기념일을 무사히 보내면 바로 다음 기념일을 챙기기 바쁘다. 그리고 그 많은 기념일들에 젊은 커플들은 '특별한 날'이라며 돈을 쏟아 붓는다. 흔히 하는 데이트 장소들에서는 '2인 메뉴'나 '커플 패키지'를 선보여 커플들을 부추기고, 솔로는 감히 껴서는 안 될 것 같은 분위기를 조성

한다. 이게 사회 분위기이니, 어쩌겠나? 아무나 잡아다 사
랑해야지!

연애도 돈이 있어야 하는 사회가 되었기 때문에 '연애
= 사회적 지위'가 공식이 되었다. 우리는 더 이상 사랑하
는 사람을 만나고 싶어서 연애하지 않는다. 사회가 강요하
기 때문에 연애를 해야 한다. 그러다 보니 나를 만나주려
는 사람이라면 반 굽실대며 만나보는 것이다. 사랑이란 감
정이 자리를 잡기도 전에 사랑이라 지껄여본다. 그건 사랑
아닌 사랑의 홍수.

우리는 이제 첫눈에 반해 말을 걸어보아도 될까 싶은 생
각에 가슴 설레고, 손을 잡아도 될까 싶은 생각에 마음 졸
이는 첫 사랑의 신성함을 잊었다. 사랑이라는 말이 식상
해졌다.

이제는 소개 받아 만나면 잠자리도 해보고, 사회적인 눈
에 합당한지 재봐서 합당한 사람이면 계속 만나고 아니면
거침없이 헤어진다. 마치 점심 메뉴를 고르듯 사랑을 고

른다. 사랑이 그저 삶의 메뉴 중 하나일 뿐이다. 멕시코음식? 먹어봤는데 너무 사납더라. 일식? 지루해. 중식? 부담스러워. 한식? 스파게티? 먹어봤어, 먹어봤어…… 그건 사랑이 아닌데.

한국 교육시스템은 세계 최강이라 한다. 그렇다면 세계 최고의 사람을 배출해 내는 게 정상이다. 한국 학생들이 그렇게 밤낮 공부하며 세계 최고가 되고 있을 때, 한국 어른들은 가장 본능적인 사랑에 실패하고 있다. 학생 때 공부에 쏟은 패기와 끈기는 나를 위해서가 아니라 자식을 위해서만 쓰려고 한다. 오로지 일에만 그리고 자녀 양육에만 쏟는 것이냐.

"요즘은 다 그래", "이 나이에 사랑은 무슨……"과 같은 생각에 흔들려 인생의 가장 큰 행복인 사랑을 잊어버리진 말자.

나는 다섯 살 때 바이올린을 배우기 시작했다. 하지만 톰보이였던 나는 턱에 무언가를 낀 채 한자리에 가만히 앉아

끼익끼익거리는 것이 쉽지 않았다.

몇 달 지나지 않아 어머니에게 턱이 아파서 그만 두겠다고 했더니, 어머니는 내 어깨를 꽉 잡고 내 눈을 바라보시며 두 번 물어보셨다.

"후회 안 할 자신 있어? 진짜 후회 안 할 거야?"

내 5년 생애, 그때까지 '후회'라는 것에 대해 생각해본 적이 없었다. 어쩌면 그게 뭔지 몰랐을지도 모르겠다. 하지만 난 나가서 노는 어린이가 되기로 결심했다. 난 아직까지 다섯 살 때 바이올린을 그만 둔 것에 대해 후회하면 안 된다는 것을 알고 있다. 내가 한, 내 스스로의 결정이기 때문에.

우리는 스스로 내린 결정에 대해선 쉽게 되돌리지 않는다. 후회란 나의 어리석음을 인정하는 것뿐이기 때문이다. 타인에게 강요된 사랑은 쉽게 끊어버릴 수 있을지 모른다. 그러나 내가 주도한 사랑은 한 번 더 노력하고 한 번 더 생각하게 된다.

　나를 위한 사랑을 기다려서 나를 위한 사랑을 하자. 후회 없는 나를 위한 결혼을 하자. 오로지 내가 책임지고 되돌리지 않을 연애를 하자.

　신성한 첫사랑과 같은 연애를 해나갈 수 있는, 강한 한국 사회가 되길 기도해본다.

마음의 역할은 욕망에 충실하는 것이다.
마음의 주인은 열정에 헌신해야 한다.

— 레베카 웨스트

'썸'이란 자신 없는 남녀의
자신 없는 사랑하기

    남녀 간의 설명할 수 없는 미묘한 감정의 '무엇^{something}'을 표현한 신조어인 '썸'. 친구도 아닌 애인도 아닌, 그 중간인 것 같으면서도 아닌 알듯 모를 듯한 이것. 어떤 이에게는 이보다 짜릿한 것이 있을까 싶겠지만, 어떤 이에겐 치명적으로 위험하다.

    과연 남자와 여자는 친구가 될 수 있을까, 없을까? 바로 이것이 문제로다. 남자는 대부분 친구가 될 수 없다고 생각하고, 여자는 상당수가 될 수 있다고 생각한다. 하지만 남녀로 갈리는 의견이 아니고 사람마다 또 다르다. 썸 탈 때 이에 대한 의견이 문제가 된다. 여자는 남자와 좋은 친구가 되고 싶다는 마음일 뿐인데, 남자는 여자를 썸녀라 생각하며 잘 되어가고 있는 관계라 착각할 수가 있다.

유행처럼 번져버린 이 '썸'이라는 개념 때문에 남녀가 마음 놓고 우정을 키우기도 어려운 시대가 되어버렸다.

《뉴욕 타임스》지에 최근 미라가 발견되었다는 기사가 떴다. 흥미로운 부분은 미라가 손에 씨앗을 쥐고 있었다는 것이다. 몇 개월간 고고학자들과 과학자들은 이게 무슨 씨앗인지 연구했다. 그러나 결국 알아내지 못했다. 고심 끝에 이들은 내공이 쌓인 농부를 찾아갔다. 농부는 씨앗을 보더니 그저 한마디만 했다.

"씨를 심어보면 되겠네."

씨앗에 생명은 있는지, 어떠한 열매를 맺는지 알기 위해선 심어보는 방법밖에 없다.

그러나 썸남썸녀들은 씨앗의 외관만 보고 근거 없는 판단을 하고 있다.

썸 타는 것의 목적은 좋은 감정이 생길 때 느끼는 설렘을 위한 것이겠지만, 썸 탈 때는 좋은 것보단 안 좋은 것을 얻는 게 더 많다. 일단 사랑을 계산한다. "그쪽에서 이렇게 나오면 난 이렇게 나가면 되지."

흔히 말하는 밀당은 머리를 써서 한다. 머리를 쓴다고는 해도 똑똑한 것과는 다르다. 밀당은 똑똑하다고 되는 것이

아니기 때문이다. 타고난 '밀당러'만이 가능한 일이다. 하기 싫어도 어쩔 수 없이 나오는 본능의 밀당 말이다.

게다가 밀당은 연애의 기술이 아니다. 서로 알지 못하는 남녀의 경우, 오히려 혼란을 야기하는 인간관계 파괴 기술이다. 그렇기 때문에 밀당은 사랑을 얻기 위해서 하는 것이 아니다. 오히려 아주 깊은 관계가 시작된 이후, 기왕이면 결혼한 이후에 하는 것이 좋다. 서로가 익숙해져갈 때, 사랑이 뒷전이 될 때, 다시 사랑의 불을 켜기 위해 긴장감을 높이는 기술이다.

설렘을 원한다면 진정한 사랑 안에서 끓어 올라오기를 바라야 한다. 생명이 없는 껍데기 안에서 설렘을 느끼고자 하는 것은 어불성설일 뿐이다.

남녀들은 더 이상 사랑을 탐험하지 않는다. 겁이란 겁은 다 지레 먹고서 발가락을 물에 담글까~ 말까~ 사랑이란 항해에 도전하지 않고 최대한의 안전장치로 무장한 뒤에 안

전벨트까지 X자로 착~착 감고 떠날까~ 말까~?

그러나 진정한 사랑을 원한다면 다칠 각오를 하고 물에 풍덩 빠져야 한다. 그 물 속에 분명 더 큰 세상이 기다리고 있을 테니까.

사랑과
섹스는

다르다

우리는
왜 사랑하는가?

우리가 사랑하는 이유를 알기 위해선 일단 사랑이 무엇인지 생각해볼 필요가 있다.

대부분의 사람은 사랑을 희생이라 생각한다. 상대방을 위해 내 자존심을 버리고 내 욕심을 버리고 나를 버려 희생하는 것. 하지만 사랑은 나로 인해 행복해지는 상대방을 귀하게 여기고, 그로 인해 행복해지는 나를 귀하게 여기는 것이다. 즉, 상대방에게만 주는 것이 아니라, 나에게도 동일하게 주는 것이 진정한 사랑의 정의다.

결국 우리가 사랑하는 이유는, 호르몬과 세포와 인류의

생존을 따지기 전에 그저 내가 행복해지기 위해서다.

그렇다면 내가 행복해지는 사랑을 하려면 어떻게 해야 할까?

행복한 사랑은 연속적인 연쇄 반응에서 온다. 내가 행복하면 상대방에게도 잘 대해줄 수 있고, 그걸 거울 삼아 상대방도 행복해진다. 고로 나에게도 잘해주게 된다.

실제로 어떤 연구에 의하면, 가장 행복하고 오래 가는 결

혼생활의 공통점은 남편이 집안일을 잘 도와주는 부부라고 한다. 뻔하지 않은가? 집안일을 도와주는 남자는 섹시해 보인다. 여자는 섹시한 이 남자를 열심히 사랑해준다. 그 사랑을 받은 남자는 여자가 더 사랑스러워 보인다. 그래서 더 열심히 사랑을 해준다. 여자는 행복하다. 잔소리할 필요도 못 느낀다. 남자도 행복해진다. 집안일을 더 도와주고 싶어진다. 그 둘은 영원히 행복하게 잘 산다.

같은 연구에서, 여자가 남자보다 외적으로 매력적이고 날씬하면 행복한 결혼생활을 유지할 수 있다고 한다. 그냥 웃고 넘길 정보일 수도 있지만 논리적으로 따져보자.

여자는 본인의 아름다움을 굉장히 중요시한다. 백설공주의 새엄마를 떠올려보자. 자신보다 예쁜 여자가 있다는 사실을 견뎌내지 못한다. 나보다 못생기고 뚱뚱한 남편이 있으면 여자는 그래도 내가 외모에 있어선 더 잘났다는 사실에 자존감이 올라간다. 여자는 만족한다.

반면에 남자가 원하는 것은 섹스다. 남자는 자신보다 매력적이고 날씬한 여자와 섹스를 한다는 사실에 만족해한다. 남자와 여자는 행복하다.

이 연구에서 우리가 배울 수 있는 것은 무엇인가? 여자가 더 예뻐야 한다는 것? 물론 그 말에 일리는 있지만 포인트는 그것이 아니다. 여자에게 중요한 것은, 자신의 남자에게만은 본인이 가장 아름다운 여자라는 확신이다. 여자는 그 확신을 만족시켜주면 행복해진다.

아무리 미인이라고 해도 외모에 대한 자존심은 한순간 무너질 수 있다. 남자는 여자의 아름다움을 계속, 꾸준히, 지속적으로 상기시켜줘야 한다. 마냥 '예뻐'라는 말만으로는 안 된다. 여자가 외모에 신경 쓰고 있다는 것을 알아차려야 한다. "매니큐어 이 색으로 바르니까 잘 어울린다.", "오늘 피부가 굉장히 좋네.", "허리가 한 줌에 다 들어가!"

몇 달 전 몸무게가 갑자기 늘어 자존감이 확 떨어졌던 며칠이 있었다. 남자친구는 그걸 알아챘는지(아니면 원래 그렇게 느꼈던 건지 훗) 나에게 자이언티의 <No Make Up>이란 곡의 링크를 보내주며 "내가 하고 싶은 말 여기 다 있네."라고 했다. 가사엔 이런 부분이 있다.

진하게 화장을 하고 예쁘게 머리를 하고

오늘도 집을 나서는 넌 예뻐

높은 구두를 신고 짧은 치마를 입고 있는 너

너무나 아름다워 but

넌 모를 거야 자다가 일어나

살짝 부은 얼굴이 얼마나 예쁜지

넌 모를 거야 자기 전

세수한 니 모습이 얼마나 예쁜지

자꾸 거울 보지 마 몸무게 신경 쓰지 마

넌 그냥 그대로 너무 예쁜 걸

난 사랑받는 느낌이 들어 행복해지고 자존감도 올라갔
다. 이렇게 사랑을 받고 더 예뻐진 여자는 본인이 섹시하
다고 느낄 때 섹스가 하고 싶어진다.

행복한 그를 사랑하고, 행복한 나를 사랑하는 것!
이게 행복한 사랑의 비결이다.

사랑과 섹스에 대한
환상은 버려라

얼마 전까지만 해도 여자에게 강요되어온 사랑과 섹스는 이음동의어였다. 하지만 더 이상 하룻밤을 같이 보냈다고 해서 평생을 같이 살아야 된다고 생각하는 여자는 없을 것이다. 그만큼 섹스가 쉬워졌고, 사랑도 가벼워졌다. 심지어 이혼까지도 상품을 환불받듯 가벼운 것이 되어버렸다.

그렇다면 우리가 문학으로 배운 아름다운 사랑 이야기들은 세상에 존재하는 않는다는 것인가?

따지고 보면, 로미오와 줄리엣은 첫눈에 반해서 결혼을 하고 자살하기까지 3일이란 시간밖에 안 걸렸다. 나폴레

옹과 조세핀은 맞바람을 피웠고, 아이를 가질 수 없다는 이유로 조세핀은 결국 이혼 당한다.

우리는 문학작품에서 본 아름다운 사랑과 역사에 전해져 내려오는 위대한 사랑을 꿈꾼다. 그러나 이제 꿈에서 깨어날 시간이다. 그들도 사랑 앞에선 현실에 부딪쳤다.

콩깍지가 벗겨지는 순간, 사랑은 여지없이 현실이 된다. 사랑이 현실이 될 때 그 열정적이던 섹스도 줄어든다. 하지만 여기서 짚고 넘어갈 중요한 사실은, 사랑과 섹스는 엄연히 다르다는 것이다. 사랑 없는 섹스를 하고 섹스 없는 사랑을 하자는 말이 아니다. 사랑을 표현하는 단어가 '가까움'이라면 섹스를 표현하는 단어는 사실 '거리'이다.

섹스 없는 사랑은 사랑이 아니라고 착각하면 안 된다. 사랑은 상대방과의 관계를 중점으로 두는 것이지만, 섹스는 나와의 관계를 중점으로 둔다.

섹스는 사랑을 유지하기 위해 책임지고 하는 것이 아니

다. 책임감과 욕망은 서로 사이가 좋지 않다. 어떤 부부 상담사에 의하면, 섹스는 행위가 아니라 들어가는 공간이다. 이 공간에서 무엇을 표현하고, 무엇을 느끼고, 무엇을 얻고 싶은가? 이곳은 그 어떤 상상력도 충분히 펼칠 수 있는, 나를 위한 안전한 공간이다.

동물과 인간의 섹스가 다른 것은 에로티시즘이다. 인간의 섹스를 에로틱하게 만드는 것은 인간의 상상력이다. 상상 하나만으로 인간은 섹스의 공간을 넘나들 수 있다.

그렇다면 인간은 왜 그렇게 섹스는 집착하는가?
섹스는 생명이기 때문이다. 애인과의 즐거운 성생활은

진짜 '사는 것'이 무엇인지 느끼게 한다. 흑백이었던 세상이 컬러풀해지는 것이다. 색깔이 가득한 세상을 다시 찾으려면 우리 스스로를 섹스란 공간에 들어갈 수 있도록 준비시켜야 한다. 즉, 전희는 섹스 5분 전에 서로를 애무하는 것이 전부인 행위가 아니라 몇 시간, 하루 또는 며칠까지도 걸릴 수 있는 과정임을 알아야 한다. 일단 나를 자신감으로 채우자.

자신감이 있을 때 사람은 섹스란 공간을 환영한다. 상대방이 아무리 로맨스로 마음을 사려고 해도, 마음 안에 생명이 없는 사람은 에로티시즘이 깨어나지 않는다. 에로티시즘을 깨우는 것은 나와의 연결을 위한 나의 몫이다.

슈퍼마리오,
사랑을 위해 떠나다

사랑은 우주 모든 사람에게 해당되지만, 사람은 사랑을 이론적으로 공부하거나 배우지 않는다. 우리가 고작 할 수 있는 것은, 사랑 노래나 영화를 보면서 꿈꾸다 준비 없이 현장으로 뛰어드는 것이다.

그렇다면 영화에서 우리에게 가르치는 사랑은 무엇인가?

철없지만 잘생긴 남자와 편견으로 가득 찬 여자가 만난다. 그리고 시청자의 시간으로 두 시간 안에 지지고 볶고 태우고 삶고 끓여서 사랑을 요리한다. 첫 만남이 어떠했든 결국 사랑을 하게 된다.

그렇다면 영화에서 말하는 게 정말 사랑일까? 두 시간 안에 모든 것을 다 이야기할 수 있을 만큼 사랑은 쉬운 것일까?

사실 현실의 사랑은 이 두 시간의 영화가 끝난 시점부터 시작한다. 사랑이 시작된 두 사람에게는 무슨 일이 일어날까? 그 단계는 아무도 가르쳐준 적이 없다. 영화에서 보여줄 만큼 사랑에 빠진 이후의 삶이 로맨틱하지 않기 때문이다.

영화로 비유하자면, 사랑의 장르는 로맨스보다는 호러, SF, 어드벤처 등에 더 가깝다. 앞길이 안 보이는 무서운 탐험이고 모험이다.

슈퍼마리오는 잘 알고 있었다. 공주를 구하기 위해서 마리오는 독버섯을 밟는다. 무서운 음악이 깔리는 동굴도 거침없이 들어간다. 동굴엔 불방망이가 휙휙 도는 데도 말이다. 심지어 슈퍼마리오는 멋 부릴 생각도 버린 채 오로지 기능성을 위한 새빨간 멜빵바지를 챙겨 입고 공주를 향해 떠난다. 공주가 최우선이 되었던 것이다.

이게 사랑이다. 로맨틱하진 않지만, 이게 사랑이다. 사랑은 험악한 모험이다. 영화에서 보여주는 것만큼 호락호락하고, 솜사탕 날리는 놀이공원만 있는 것이 아니다. 서로가 노력이란 물을 주고 호기심이란 햇빛을 쬐어주어야만, 그 꾸준한 시간을 지나야만 사랑이란 식물이 탈 없이 건강하게 자랄 수 있다.

물론 남녀가 협력하여 함께 사랑을 키우는 것은 말처럼 쉽지 않다. 남자는 하늘에 사는 독수리고 여자는 물에 사는 돌고래이기 때문이다. 다른 세상에 살고 있는 독수리와

돌고래는 소통하는 방식부터 다르다.

"카아아아아~"

"끼르끼르끼르르륵!"

말이 통할 리가 있나. 남녀는 엄연히 다른 세상에 사는 다른 동물이다. 이 사실을 인식하고 서로의 언어와 가치관을 이해하려고 노력해야 한다.

휴~ 그렇다, 사랑은 어렵다. 그렇지만 가치 있는 것들은 원래 쉽게 얻어지지 않는다. 어머니에게 여쭈어 보면 알게 된다. 나를 낳는 게 얼마나 힘드셨는지, 그리고 그만큼의 가치가 있었는지……?

그만큼 가치 있는 사람으로 태어났으니, 우리도 가치 있는 사랑을 하는 것이 옳지 않을까?

가치 있는 사랑을 얻기 위해선 사랑이란 놈에게 솔직해질 필요가 있다. 사랑은 다혈질이고 자존심이 센 녀석이다. 나와 내 애인 사이에 금이 생기고 있을 때 "아니야, 우리 관계는 괜찮아. 우리 사이엔 아무 문제 없어!"라고 무시해버린다면, 사랑은 금세 마음이 상해서 떠나버린다.

가치 있는 사랑을 얻었다면, 지속시키기 위해서 끊임없는 노력을 해야 한다. 마치 슈퍼마리오가 하나의 모험을 무사히 마친 다음에도 바로 다음 모험을 시작해야 하는 것처럼…….

사랑은 계속 배가 고프다.

사랑하려면
사랑은 버려라

16세기 셰익스피어의 사랑 이야기들에 여전히 세상은 감동을 받는다. 이렇듯 사랑은 시공간을 뛰어넘어 누구나 공감할 수 있는 것이다. 세상에 사랑을 해보지 않은 사람은 없다고 봐도 좋을 것이다. 그러나 세계에서 가장 뛰어난 천재들도 사랑의 공식을 깨지 못했다. 사랑은 인류의 역사만큼 오래되었지만, 여전히 해답이 없는 신비로움 자체이다. 그리하여 인류의 최대 관심사는 여전히 사랑인 것이다.

사랑을 하고 상처를 받으면서 우린 각자 사랑에 대해 정의한다. 그리고 나도 나름의 정의를 내렸었다. '좋아하다'와 '사랑하다'의 차이를 비교했다. 누군가를 좋아하는 것은 나의 만족을 채우기 위해 곁에 두는 것이지만, 사랑하는 것은 나로 인해 상대방이 행복하기 때문에 곁에 두는 것이라고.

난 이렇게 상대방을 사랑해주려고 노력했다. 나의 행복보단 상대방의 행복을 챙겼다.

곧 상대방도 나의 공식에 익숙해져 자신의 행복을 챙겼다. 그런데 이상했다. 난 상대방을 이만큼 사랑해서 5를 주는데 그 사람은 나에게 2밖에 안 주는 것이었다. 이렇게 내 행복을 먼저 고려하지 않는 상대방은 날 사랑하지 않는 것이라고 단정 지었다. 사랑에 공식을 적용하려다 보니 계산적인 관계가 되어버린 것이다.

사랑은 머리로 이해할 수 있는 논리적인 것이 아니다. 그럼에도 우리는 여전히 사랑에 이해되는 의미를 부여하려고 한다. 그리고 그 의미를 남에게도 전파한다.

"내가 사랑의 열쇠를 찾았노라! 이렇게 하면 열릴 것이오~"

그리고 내가 정의한 사랑과 다른 사랑을 하는 사람을 멋대로 평가한다.

"사랑은 그렇게 하는 게 아니야!"

괴물을 잡으려다 내가 괴물이 되어버렸다. 의미를 부여하고 논리로 이해하려다가 가장 중요한 가치를 잃어버리게 된 것이다.

사람들은 이렇게 말한다. 오늘이 마지막인 것처럼 사랑하라고.

천만에! 솔직해져 보자.

오늘이 마지막인 것을 알게 된다면, 억울해서라도 그동안 서운했던 말 다 하고 죽을 것이다. 오히려 오늘이 처음인 것처럼 사랑해야 한다.

처음 사랑하게 되었던 그날, 이 사람이 어떤 사람인지는 상관없었다. 마냥 사랑해줄 수 있을 것 같았다. 그 사람을 위해서라면 무엇이든 할 수 있을 것 같았다. 그러나 일주일이 지나고, 한 달이 지나고, 몇 년이 지나면서 우리는 서로에게 상처를 주고, 상처를 받는다. 환상이 하나 둘씩 깨진다. 그렇게 우리는 서로에게 무뎌지면서 서운함이 커진다.

"이 사람은 이런 사람이니까, 난 이렇게 행동해야 해."

우리는 그렇게 스스로를 규칙에 가둬버린다.

이 글을 쓰고 있는 오늘, 2016년 6월 13일, 최악의 사건이라 불리는 올랜도 총기난사 사건이 일어났다. 이런 말도 안 되는 비극은 아쉽게도 처음이 아니고 마지막도 아닐 것이다.

올랜도의 시장은 이렇게 말했다.

"우린 증오로 가득한 테러리스트에게 정의당하지 않을 것이다. 우린 서로를 어떻게 사랑했느냐로 정의될 것이다."

이런 때일수록 우린 과거에 있었던 아픔에 머물면 안 된다.

증오보다 사랑, 좌절보다 희망을 가지고 살아야 할 의무가 있다.

많은 피해자들이 빼앗긴 '오늘'이란 선물이 우리에겐 주어졌다.

그들이 못 다한 사랑을 위해서 우린 '오늘이 처음인 것처럼' 사랑해야 한다.

#loveisloveisloveisloveislove

우리,
섹스 얘기하자

인류는 태초부터 섹스를 했다. 하지만 역사를 살펴보면, 여자는 평생 생리를 경험하지 않을 정도로 계속 아기를 생산해내고 모유 수유를 하는 기계였다. 섹스는, 특히 여자에겐, 번식을 위한 기능일 뿐이었다.

순수 즐거움을 위해 섹스를 하기 시작한 지는 70년밖에 안 되었다. 그리고 즐거움을 위해 섹스를 하는 지금의 인류는 두 배는 더 오래 산다. 돈도 두 배나 많다. 자식의 수는 반의반도 안 된다. 기술은 더 좋아졌고, 우리의 건강도 더 좋아졌다. 인류는 긴급히 섹스를 제대로 배워야 할 때가 온 것이다.

섹스는 더 이상 남자의 카타르시스를 위한 것만이 아니다. 그쯤은 모두 알고 있다. '같이 좋으면 좋지'란 생각은 가지고 있지만, 섹스는 아직도 남자 위주로 이루어지고 있다. 그렇다면 남자는 자기가 원하는 섹스를 완벽히 즐기고 있는가? 꼭 그렇다고 말할 수도 없다. 제대로 된 섹스를 배우기 위해선 섹스에 대한 대화가 필요하다.

섹스를 원하는지, 어떤 섹스를 원하는지 알아야 한다. 남자는, 여자와 단 둘이 있으면 분위기에 따라 자연스럽게 섹스로 이어지는 것이라고 생각하는지도 모르겠다. 하지만 남자는 여자의 동의를 먼저 구할 의무가 있다.

그렇다면 왜 여자는 남자의 동의를 구하지 않는가? 답은 간단하다. 정자는 싸고 풍부하지만 난자는 비싸고 드물기 때문이다.

또 피임에 대한 대화도 이루어져야 한다. 물론 이런 대화가 쉽지는 않다. 특히 한국 사회에선 피임 얘기를 꺼내면 천박한 사람으로 여겨진다.

여자가 더 챙겨야 할 일이고 꼭 해야 할 일이지만, 이런 얘기를 아무렇지 않게 하는 여자의 이미지가 좋지 않은 게 사실이다. 왠지 담배를 피울 것 같고, 주말이면 핫한 클럽들을 찾아다닐 것 같고, 원 나이트 스탠드를 즐길 것 같은…… 그런 여자. 즉, 환상으로 가지기엔 좋지만 여자친구나 결혼상대로는 싫은 여자.

그렇지만 피임 이야기는 사랑하는 사이를 보호하기 위해선 꼭 필요한 대화다. 나서서 피임을 먼저 챙기는 여자를 만났다면, 그에게 박수를 보낸다. 현명하고 용기 있는 여자를 잘 선택한 것이기에.

요즘처럼 남녀 간의 섹스가 쉬워진 시대는 없을 것이다. 결혼 첫날밤 처녀막이 있는지 확인을 하지도 않고, 남편이 먼 길을 떠날 때 아내에게 정조대를 채우는 일도 없다.

요즘엔 초등학생 꼬마들도 섹스를 한다는 소리가 들린다. 나 참!

이런 시대에 혼전순결을 지키기로 결정하는 것은 큰 용기임에 틀림없다. 더군다나 이 결심을 지키는 것은 꽤나 어려운 일일 터이다.

그러니 내 애인이 혼전순결을 지키겠노라 선언한다면
반드시 존중해줘야 한다.

혼전순결. 이것도 결코 가벼운 섹스 이야기가 아니다.

문화적인 이유든 종교적인 이유든, 혼전순결주의인 사
람은 비판과 조롱을 받기도 쉽다.

"안 해본 게 아니라 못 해본 거 아니야?"

"고자야? 게이야? 남자새끼가 저것밖에 안 되나…….
쯧쯧."

그러니 내 애인을 가장 사랑해줘야 하는 나부터 그의 가
치관을 감싸주고 인정해줘야 한다.

잠시 여기서 고백할 것이 있다. 난 17년간 영어권에서 살
면서 거침없이 남자아이들과 섹스 이야기를 했었다. 심지
어 그들의 부모님들과 조부모님들과도.

그렇게 익숙했던 이야기를 모국어인 한국말로 한다는
것이 너무 힘들고 어색하다.

이게 한국 정서다. 한국이 개방되고 있다고 해도 여전히 섹스는 터부시되어 있다.

하지만 이젠 섹스에 대해 어른스러워져야 할 때가 되었다.

섹스는 생명의 과정이며 자연스러운 사랑의 표현이다. 그냥 얼버무리고 넘어가서는 안 될 중요한 삶의 부분이다.

다음 세대 이후엔 유교사상이 조금씩 무너질 거라는 예상이 반갑다. 어른과 아이 사이에 터부시된 이 주제에 관해서 정직한 소통을 하면서 올바르고 건강한 성의식을 길러야 한다. 성이란 숨기고 부끄럽게 여겨야 하는 것이 아니라, 소중하고 기쁜 것으로 받아들여야 한다.

순하게 때 안방 침대 옆에 놓여 있는 협탁 서랍 속에 잘 숨겨져 있는 콘돔 몇 개를 발견한 적이 있다. 의도적으로 뒤진 것은 아니었지만, 나도 모르게 웃음이 터져서 옆에 있던 친언니에게 보여줬다. 언니는 빨리 넣어 놓으라며 화를 냈다. 더 이상 어떤 말도 하면 안 될 것 같았다. 속으론 너무 많은 감정들이 한꺼번에 닥쳤다. 우리 부모님도 아직 서로 사랑하신다는 뿌듯함과 나와 똑같은 인간이라는 큰 깨달음, 반면에 약간의 징그러움도 섞여 있었던 것 같다.

　이민 붐이 일어나기 전에 이민을 결정하실 정도로, 우리 부모님은 틀에 박힌 삶을 원하지는 않으셨던 것 같다. 나 또한 나름 개방적인 부모님이라고 생각했었다. 그러나 애정표현에 있어서만은 우리에게 조금의 노출도 안 하셨던 것 같다. 물론 가려야 할 말과 동양의 겸손의 미덕을 이해하는 나로써 잘못되었다는 듯이 말하는 게 조심스럽다. 우리 부모님은 그때도, 지금도 최고의 부모님이기 때문이다.

하지만 어린 나이 때부터 부부간의 사랑과 성에 대해 자연스럽게 배울 수 있었더라면 "정말 섹스가 이런 건가?"라며 어린 나이에 데이트 강간을 당하지 않았을지도 모른다. 섹스가 보편화되어가는 만큼 이젠 섹스를 '그냥 다 하는 거니까' 하기보다는 나에게 어떠한 의미를 가진 것인지 먼저 배우는 것이 필요한 것 같다.

그러기 위해선 우리, 섹스 애기하자.

여자에게
사랑이란

나만
보는 것

여자는 하염없는 돌고래다.

피부가 얼마나 매끈하고

물 안에서 얼마나 잘 움직이는지 봐주길 바란다.

끼 부리고 애교를 발산하는 것을 알아봐주길 원한다.

아니, 돌고래는 그게 필요하다.

그래야 받은 사랑을 돌려줄 수 있다.

여자의 꿈은
정비공이었나 보다

여자는 남자를 만나면 먼저 고치려고부터 한다. 헤어스타일, 패션, 피부, 성격, 취미, 친구들, 스케줄, 스펙…… 여자가 결혼하기에 마땅한 남자로 고치려고 애를 쓴다. 남자는 단순해서 여자가 계속 반복해서 주입시키다 보면 어느 정도 변하기도 한다. 이래서 연애하는 남자, 결혼한 남자가 멋지긴 하다. 하지만 남녀관계에서 여자의 역할은 정비공이 아니고, 남자 또한 고쳐야 할 엔진이 아니다.

남자는 머리고 여자는 꼬리다. 이 말에 여자는 속상해하면 안 된다. 어쨌든 한 몸이고 각자의 역할이 있는 것이다. 머리는 앞에 있는 것일 뿐 중요한 방향 잡기는 꼬리가 한다. 위대한 남자 뒤엔 더 위대한 여자가 있기 마련이다. 그렇다고 거만하게 꼬리가 머리 위에 서게 되면 몸의 균형이 무너진다.

동갑의 친구로 시작된 남녀가 연인관계로 발전하는 것은 이 균형을 위협한다. 다투게 되면 서로에게 지지 않으려고 '야', '너', '네가'…… 이런 과하게 친한 호칭으로 인해 다툼이 쉽게 격해질 수 있고 심한 말들이 튀어나오게 된다. 꼬리가 앞에 나서려고 하고, 머리가 방향 조절을 하

어디 보자…

려고 하기 때문이다.

난 여섯 살 연하남과 만나고 있다. 그는 스물다섯 살이다. 처음 만났을 때 오빠라고 부른 것이 버릇이 되어 여태껏 오빠라고 부르고 있다. 사람들은 그냥 "유별나네, 왜 저래?"라고 생각하고 만다. 하지만 나는 그런 호칭으로 남자가 머리됨을 나에게, 그리고 그에게 상기시켜 준다. (그리고 어찌어찌 내가 다시 20대 초반이 되는 것(?)도 기분 나쁘지 않다.)

그는 나에게 '윤이'라고 부른다. 단 한 번도 '너'라는 말을 해본 적이 없다. 늘 '윤아', '윤이가', '윤이는~'이라고 말해준다. 격하게 싸워도 우린 서로 '오빠' 그리고 '윤이'라는 호칭을 꼭 붙인다. 그 외에 다른 이름으론 어떻게 불러야 할지 모르니까 말이다.

결국 이게 약이 되었다. 적당히 거리를 두면서 존중해주는 사이가 된 거다. 싸움이 어느 정도 세지면 중단이 되고 만다. 우린 그 이상 세게 싸우는 법을 모른다. 그렇게 한숨을 돌리고 나면, 차분한 마음으로 어른스러운 대화가 가능해진다.

남자는 머리고 여자는 꼬리다. 협동해야 맹수로부터 안전할 수 있다. 글쎄, 여기서 맹수라 함은 수천만 가지 헤어짐의 이유들 아닐까? 평생을 함께할 거라 확신하고 결혼을 해도 반 정도는 이혼으로 끝난다. 그렇다면 연애는 어떠할까? 우주 모~든 사람의 연애는 모.두. 실패로 이어진다. 운이 좋다면, 죽을 때까지의 결혼으로 이어지는 단 한 명과의 연애를 예외로 하고 말이다.

망가지지도 않은 엔진을 더 빨리 달리게 하려는 노력은 그만 두자. 엔진에 남아 있는 힘을 사용하여 맹수로부터 피해 다니는 게 목적이다. 사랑은 정글이다.

살아남아보자!

야동 보는
내 남자

여자는 남자친구가 생기면 친구들, 취미, 가족, 커리어를 버리고 남자에게만 집중한다. 아니, 그건 극단적인 예를 일컫는 것 같다. 여자는 멀티태스킹이 가능하기 때문에 남자에게도 그리고 기존의 삶에도 집중하면서 살아갈 수 있다.

그러나 남자는 여자친구가 생기면 처음엔 여자에게 집중하다가 여자친구에게 익숙해지면 기존의 삶의 패턴으로 돌아간다고 한다. 남자의 삶에는 가족, 친구, 게임, 술, 취미, 그리고 여자친구가 있는 것이다.

보통 남자친구를 최우선 순위로 두는 여자와는 달리, 남자에게는 여자친구가 그저 삶에서 사랑하는 일부분인 것처럼 느껴진다. 여자는 남자의 그런 모습이 너무 서운하다.

그러나 간과하지 말자. 당연히 남자도 가장 사랑하는 것은 여자친구다. 어쩌면 '사랑'하는 것은 여자친구뿐일지도 모른다. 가족과 친구들을 사랑하지 않는다는 말은 아니다. 다만 여자에 비해 감정이 풍부하지 않은 남자는, 여자와 달리 오로지 여자친구에게만 이런 감정적인 노력을 쏟는다.

친구를 만날 때, 게임을 할 때, 그리고 취미 생활을 할 때 남자는 여자친구를 잊는 것이 아니다. 여전히 가장 사랑하고, 생각한다. 그러니 여자는 이런 남자와 여자의 차이를 인정하고 사랑해주는 수밖에 없다.

또 한 가지! 여자가 남자에 대해 절대 이해하지 못하는 것이 남자와 야동과의 관계다. 여자친구를 사랑하고 좋은 관계를 유지해도, 여자친구와 충분히 섹스를 하고 만족스러운 성생활을 해도, 남자는 야동을 끊지 않는다.

여자는 이해가 안 된다. 야동의 여자들을 자신보다 사랑하는 거라고 화를 낸다. 그 여자들을 질투한다. 그리고 사실 자신감이 떨어지기도 한다. 나는 그 여자들만큼 글래머

이지도 않고, 내 남자를 성적으로 만족시키지 못하는 것 같아서…….

그러나 시각적인 요소에 자극되는 남자는 야동에 나오는 여자와 자고 싶어 하는 게 아니다. 그보단 그저 남녀가 하는 행위에 자극이 되는 것이다. 그러니 사실 질투를 할 필요도 없다.

남자에게 섹스와 '자기 위로'는 별개다. 마치 여자에게 메인 요리와 디저트가 별개인 것처럼. 정도나 강도가 심

하면 중독이 되고 연애에 문제가 될 수 있지만, 야동이란 남자에게 휴식이고 일탈이다. 몸이 차분해지고 스트레스가 풀린다.

여자는 정말 질투가 많은 동물이다. 내 질투심은 적어도 한반도에선 최고치를 찍는다.

다른 여자를 비롯해, 친구, 가족, 취미…… 내 남자가 좋아하는 모든 것에 질투를 한다.

나도 내 남자친구가 야동에 나오는 다른 여자를 보면서 흥분하는 모습은 상상도 하기 싫었다. 그런 모습을 인정하기보다는 차라리 비밀리에 해달라고 부탁하는 게 나았다.

그러나 현재 남자친구는 진심으로 '우주에 여자란 나 하나'밖에 없는 것처럼 행동하는 사람이다. 주위에 여자가 없을 뿐 아니라, 단 한 번도 내가 질투를 느끼게 한 적이 없다. 그래서 야동을 보더라도 그 사실에 질투를 느끼거나 화가 나지 않을 것 같다. 심지어 다른 여자랑 만나도 별 관심이 없다.

내가 내 남자친구를 사랑하지 않아서가 아니다. 정말 그에게 여자란 이 세상에 나밖에 없다고 믿게 만들어서 그렇다. 남자가 야동 보는 것을 이해받기 원한다면, 여자에게 믿음을 주면 된다. 이 세상에 여자란 오로지 그녀뿐이고, 다른 모든 이들은 그저 '사람'일 뿐이라고.

남자는 늑대?
남자는 돼지!

남자는 원초적으로 최대한 본인의 씨를 많이 뿌려야 한다는 본능이 있다.

'동물의 왕국'의 관점으로 남자를 관찰해보자.

우~아~~~ 우아~~~ 세계 탐험 신비의 세계!

원시시대. 추워 죽고, 배고파 죽고, 짐승에게 뜯겨 죽고…… 사람은 죽을 이유가 많았다. 그래서 수컷은 최대한 많은 자식을 낳아 인류의 생존을 지켜 나가야 했다. 암컷을 바라보는 수컷은 자식을 많이 낳을 수 있는 골반이 갖춰져 있는지, 또 자식에게 나눠줄 모유가 충분히 차 있는 젖은 있는지 훑어보았다. 고로 수컷은 충분히 매력적인 암컷을 가졌더라도 본능적으로 더 또렷한 S라인을 가진 암컷에게 눈이 돌아가게 되어 있다.

남자는 감정적으로는 바람을 피우고 싶은 게 아니다. 세포적으로 바람을 피우고 싶은 것이다. 즉 남자가 바람을 피우는 이유는, 여자친구 또는 아내를 사랑하지 않기 때문이 아니라, 본능을 이기지 못해서이다. 마치 다이어트를 열심히 하는 사람이 달콤한 초콜릿 케이크에 유혹당하는 것과 비슷한 논리이다.

난 집에서 미니돼지를 키운다. 식욕이 정말 무섭다. 집을 잠깐 비운 사이에 가구를 넘어뜨리고, 가방을 열고 봉지를 뜯어 약을 먹고, 냉장고를 열어 야쿠르트를 다 먹었다. 그날 저녁 돼지는, 난생 처음 토를 하다가 토를 먹으려고 해서 못 먹게 했더니 돼지 멱따는 소리를 내며 울었다. 어느 날은 초록색 물감을 먹고 초록색 똥을 만들었다. 배부름을 모르는 식욕을 가졌다.

남자의 성욕은 돼지의 식욕과 비교할 수 있다. 한 남자의 고백을 빌리자면 "남자는 마려우면 싸야 된다."

남자는 '늑대'적으로 음란하게 여자를 마음으로 품는 존재라기보다는, '돼지'적으로 섹스 자체를 욕심내는 것이다. 차라리 늑대적인 남자라면, 눈으로 바라보고 엉큼한 상상에서 끝나는 것이니 오히려 안전하다. 돼지적인 남자는 어떻게 해서든 마냥 섹스에 대한 욕구를 채워야 하는 무서운 동물이다.

"우리 오빠 안 그래!"

내 남자는 다른 여자에겐 관심도 없고, 쳐다보지도 않는다고 할 여자는 많다. 여자라면 당연히 그렇다고 믿고 싶을 것이다. 그리고 그렇게 보이는 남자는 충분히 많다.

다행히도 남자는 돼지적인 행동을 취하지 않도록 옳고 그름을 구분할 수 있는 지능을 가진 '인간'이기 때문이다. 그러나 이런 동물적인 본능이 DNA에 쓰여 있다는 것을 잊으면 안 된다. 이 사실에 낙심하지 말고, 오히려 지혜롭

게 대처하여 다른 여자에게 관심을 가질 필요를 못 느끼
게 하면 된다.

JTBC에서 방영하던 예능프로 <마녀사냥>에선 사랑의
유형을 낮에 이기느냐 지느냐, 또 밤에 이기느냐 지느냐로
나눴다. 그래서 '낮이밤져', 또는 '낮져밤이', '낮이밤이' 등
의 유형으로 나누어 말했다. 하지만 이걸로는 부족하다. '낮
이져 밤이져'가 돼야 한다.

사랑이 이기고 지는 게임은 아니지만, 리드하는 것과 따
라가 주는 것으로 표현한 것이라면, 때와 장소에 따라 상
대방에게 필요한 사람이 되어주어야 한다. 낮에 리드도 하
다가 따라가 주기도 하고, 밤에도 리드하다가 따라가 주기
도 하는 여자가 되어야 한다. 즉, 내 남자를 긴장하게 만들
어야 한다.

남자는 시각적인 자극에 약하다. 내 남자를 위해 그의 환
상의 여자가 되어주자. 때론 흰색 원피스를 입은 청순한 봄
처녀가 되어보고, 또 어떤 날엔 타이트한 블랙 미니드레스

를 입은 팜므파탈도 될 수 있다. 투피스 정장을 입은 지적인 파워 CEO는 어떠한가? 머리를 질끈 묶고 운동복을 입은 여자도 사랑스럽다.

여자에게는 수만 가지의 헤어스타일과 메이크업을 구사할 수 있는 능력이 있다. 이 능력을 내 남자와 내 사랑을 위해 사용할 수 있다는 것은 정말 기쁜 일이다.

남자는 조류다. 머리가 나쁘단 뜻이 아니다. 이 조류를 사랑하는 여자는 선택을 해야 한다. 새를 잡아서 새장 안에 가둘 것인가, 아니면 나무를 심어서 새가 자유롭게 나무로 날아올 수 있게끔 할 것인가……?

초코, 바닐라
아니면 혼합?

앞서 말했듯 내 남자친구는 나보다 무려 여섯 살 연하다. 주위에선 나이가 우리 관계에 문제가 될 거라 생각한다. 그러나 우리의 사이가 깊어질수록 나이 차는 잊고 살게 된다. (물론 나의 '피터 팬 증후군'과 낮은 정신연령도 도움이 되는 것 같긴 하다.) 결국 우리 관계에 문제가 되는 것들은, 어느 남녀 관계에 문제되는 것들과 똑같다. 그저 한 남자와 한 여자의 오해와 사소한 다툼들이다.

17년을 외국에서 살아온 난 다양한 국적의 남자들과 사귀어봤다. 쉽게 말해, 초코, 바닐라, 혼합……. 물론 한국인도(바나나 맛이라 하기엔 너무 인종 차별주의적인 것 같다) 만나봤다. 그리고 나이가 중요시 되지 않는 문화에서 자란 덕에 난 두 살 또는 네 살 연하남이나 아홉 살 연상남도 쉽게 만날 수 있었다.

배운 것은 하나다. 결국 남자는 다 남자. 똑같은 남자와 여자의 오해들 때문에 다투고 헤어지게 된다.

남자 안에는 허세가 심하고 생각이 단순한 여섯 살짜리 꼬마가 살고 있다. 근거?

배트맨은 싸울 때도 불편하게 꼭 망토를 하고 다닌다. 허세가 심한 여섯 살짜리 꼬마 남자이기 때문이다.

사실 남자는 남자가 안다. 그래서 아빠가 남자 조심하라고 하는 말을 잘 새겨들어야 한다. 아빠도 엄마를 만나기 전엔 똑같이 엉큼한 남자였기 때문이다.

더 깊이 들어가자면, 사람이란 자기중심적인 구석이 있기 때문에 세상 모든 사람이 나와 같을 것이란 생각을 한다. 그렇기 때문에 바람피우는 사람은 상대방도 바람피울 것이라 여겨 의심을 한다. 거짓말을 하는 사람은 상대방이 하는 말도 거짓말일 거라 생각하며 화부터 낸다.

난생 처음으로 한국에서만 줄곧 살아온 남자를 만난 적이 있었다. 보수적인 생각을 가진 전형적인 한국 남자였던 것 같다. 옷장에 바지라곤 찾아볼 수 없는 게 나인데, 치마를 절대 입지 말라고 했다. 다른 남자들이 쳐다보는 게 기분 나쁘다며.

당시엔 모른 척했지만, 사실 그는 치마를 입고 다니는 다른 여자들의 다리를 꼭 곁눈질로 쳐다보는 남자였다. 그런 그는 배트맨 망토를 두르고 얘기했다. 자긴 쳐다보지 않지만, 원래 남자들은 다 쳐다본다고.

상대방이 나를 어떻게 대하느냐는, 어떤 순간엔 전혀 나의 문제가 아닐 수도 있다.

그 사람이 어떤 사람인지를 반영하는 것뿐이다.

남자가 이렇게 행동하는 이유는, 그들의 세상엔 흑과 백밖에 없기 때문이다.

여자는 수만 가지 요인과 계수와 변종을 계산하지만, 남자는 직진으로만 간다.

그렇기 때문에 남자가 "밥 뭐 먹을래?"라고 물었을 때 여자는 맛, 가격, 칼로리, 다양성, 분위기, 거리 등을 철저히 계산하지만, 대답은 고작 '스파게티 빼고 아무거나'다. 그러나 이 대답을 들은 남자로 인해 여자는 영원히 스파게티는 못 먹게 될 것이다.

남자를 남자로 만드는 것은 남성 호르몬, 테스토스테론이다. 테스토스테론은 사람을 역동적이게 만든다. 무언가 해결해야 하는 성향을 준다. 이 성향 때문에 남자의 사랑은 여자의 문제들을 해결해주는 것이다.

여자가 더 이상 자신에게 해결 받을 문제가 없을 때, 그리고 여자가 더 이상 남자를 필요로 하지 않을 때 남자의 사랑은 시들해진다. 인종을 불문하고, 남자란 동물은 알고 보면 꽤나 소심한 구석이 있다.

사실,
남자도 사람이다

 남자는 남자다워야 한다고 배운다. 그러기 위해선 인생에서 단 세 번만 울어야 하고, 일단 뽑은 칼로는 무라도 베라고 배운다. 어떻게 보면 남자는 감정을 느끼지 말라고 배우는 것이다. 인간이길 포기하라는 것과 마찬가지다.

 남자도 태어났을 땐 '관계적 편안함'을 필요로 한다고 한다. 아기는 엄마와 눈을 마주보고 있다가 엄마가 눈을 피하면 좌절의 눈빛을 보이거나 울음을 터뜨린다고 한다.

 그렇지만 그저 사람이었던 아기는 남자로 자란다. 사회에서 심어주는 고정관념 때문에 남자는 다른 사람을 필요로 하면 남자답지 못하다고 배운다. 남자는 '남자'여야 하기 때문에 감정과는 사뭇 먼 관계를 가진다. 인간의 본능인 감정 말이다. 남자가 남성적이고자 하려면 퇴행해야 한다는 뜻이다.

사랑에 빠진 남자는 갑자기 닥쳐오는 그 많은 감정을 어떻게 주체해야 하는지 모른다. 행복, 감동, 불안, 질투, 외로움, 걱정, 즐거움, 흥분, 기대, 좌절……. 하지만 감정을 느끼는 것은 여성스러운 것이 아니다. 사람다운 것이다. 남자도 결국 사람이다.

생존만으로 행복했던 원시인은 대충 눈치로 '밥', '불', '코끼리' 등의 유형의 물건을 표현하면 사는 데 지장이 없었다. 하지만 사랑에 빠지는 현대인은 추상적이고 복잡한 감정과 생각들을 말로 표현할 줄 알아야 한다.

감정을 잘 표현하는 남자야말로 현대시대에 적응하도록 걸맞게 진화된 사람이다.

여자는 하루 2만3천 단어를 말하는 반면에 남자는 고작 7천 단어를 말한다고 한다. 답답하니까 생각이나 감정을 표현하라고 부담을 주면 안 된다. 대부분의 경우, 본인도 이게 무슨 감정인지 모르기 때문이다. 일평생 감정 따위 억누르고 무시하고 살았는데 갑자기 다 말하라니……! 남자 입장에선 그냥 뇌와 마음을 꺼내다 보여주고 싶은 심정일 게다.

여자는 친구들과 수다를 떨면 행복 호르몬, 옥시토신이 분비된다. 그저 느낌이 아니라 과학적으로 스트레스가 풀린다. 그러나 남자들은 친구들과 만나도 옥시토신이 분비된다는 근거가 없다. 그래서 여러 가지 다양한 방법들로 스트레스를 풀어야 한다. 게임을 하고, 운동을 하고, 술을 먹

고, 피규어를 모으고, 섹스를 해야 된다. 여자는 남자의 이런 모습을 이해해줘야 한다.

그러니 남자에게 감정을 표현 안 한다며 로봇 같은 인간이라 혼내지 말자. 또는 나에게 관심이 없는 거라고 토라지지 말자. 여자친구에 대해 가장 많이 생각하고, 고민하고, 걱정하는 게 남자다. 다만 그 많은 감정이 표현 안 될 뿐이다.

주말에 프리마켓에서 건담을 파는 남자친구를 쫓아가면 사람 구경하는 재미가 쏠쏠하다. 섹스가 남자 위주라면 데이트는 여자 위주라는 것을 느꼈다. 여자 위주 액세서리와 먹거리를 잔뜩 파는 프리마켓에서 남자의 눈길은 당연히 건담에게 간다. 그러나 여자는 그런 남자를 끌어당기며 말한다.

"네가 애야?"
"그런 거 사는 거 아니야."

그렇게 무시당한 남자는 침묵을 유지하며 쇼핑하는 여자 곁에 있어준다.

여자의 행복은 남자가 책임져야 하는 것이라 말한다. 데이트를 하며 맛있는 걸 먹이고, 가고 싶은 곳을 데리고 가고, 농담으로 웃겨주고, 예쁜 걸 사준다. 그렇지만 여자는 남자의 이런 소소한 행복을 존중조차 해주지 않는다. 사실 남자가 필요한 사랑은, 자신이 '유효'한 사람인 것을 느끼는 것뿐이다.

그러니 여자는 이해 안 되는 남자의 취미를 존중해 줘야 한다. 스무 개가 넘는 립스틱을 가지고 있어도 더 사야 하는 여자를 이해는 못해도 존중해주는 남자처럼 말이다.

남자를 '유효'한 사람이라 느끼게 해주는 것은 쉽다. 공감해주고, 격려를 해주면 된다. 남자가 메뉴를 정했을 때, 건담을 구경할 때, 뭐 거울을 보며 근육을 불룩거리고 있을 때도 공감해주고 격려해주면 된다.

"오, 그래그래."

"잘 하네."

"맞네~"

이런 반응만 보여주면 충분하다.

love

아는 50대 부부가 있다. 이 둘은 디자이너 커플이다. 이미 독특한 정신세계를 가지고 있다는 것이 설명되지 않는가? 이 부부는 40대에 결혼을 했다. 그리고 여태껏 신혼 같은 결혼 생활을 유지하고 있다. 부부임에도 불구하고 여전히 서로 '애인'이라 부른다. "내 애인 주말 동안 없을 건데 와서 놀다가 가!"라며 친한 후배들을 집으로 초대하기도 한다.

난 결혼보다는 평생 한 사람과 하는 연애가 더 멋지다고 생각한다. 법적으로 어쩔 수 없이 묶여 함께 사는 게 부부다. 하지만 애인은 사랑이 식으면 언제든 헤어질 수 있다.

이런 의미에서 '어쩔 수 없이'보다 '떠나도 되지만' 평생 함께하는 것이 더 진정한 사랑처럼 느껴진다. 그래서 부부란 말보다 애인이란 말이 더 좋다.

결혼을 하게 되더라도 늘 '연애'하던 시절처럼

내 애인을 연애(戀愛:그리워하고 사랑하다)하고 싶다.

남자에게
사랑은

좀
내버려
두는 것

남자는 하늘의 독수리다.

네 시간 동안 돌고래가 쇼핑하는 것을 쫓아다녀줬다.

독수리는 피곤하다.

적어도 두 시간은 하늘을 날면서 게임이라도 해야 한다.

독수리는 혼자 있는 시간도 존중받기를 원한다.

그래야 재충전해서 돌고래를 더 사랑해줄 수 있다.

남자도
두려워하는 것이 있다

    사람들은 배우자가 바람피우는 것을 의심해서 사설탐정을 고용해 뒷조사를 한다. 결과는 둘 중 하나다.

    바람을 피운다. 즉, 내가 옳았다.

    또는 바람을 피우지 않는다. 즉, 내가 틀렸다.

    대부분의 사람들은 배우자가 바람을 피운다는 사실에 실망하기보단 내가 틀렸다는 사실에 더 실망한다고 한다. 사람은 상처 받아도 자신이 옳다는 것에 더 큰 쾌락을 얻는다.

    이렇듯 상처 자체보다 더 아픈 것이 있다. 특히 남자에게는. 신뢰가 무너져서 이젠 다시 사랑할 수 없을 것 같은 느낌? 이런 심오한 문제가 아니다. 바로 여자에게 깔보였다는 것, 자기가 만만해 보였다는 수치심이다.

남자는 여자보다 자신을 잘 사랑할 줄 안다. 그래서 여자들 대부분이 자신의 외모가 평균 이하라고 생각하는 반면, 남자들 대부분은 자신의 외모가 평균 이상이라고 생각한다. 자존심이 아닌, 자존감이 높은 게 남자다.

그렇기 때문에 남자는 자신으로 인해 여자가 행복해 할 때가 가장 행복하다. 자신의 자존감을 인정받고 확인받는 것이기 때문이다. 이런 의미에서 남자의 사랑은 '뿌듯함'이다.

여자가 이해 못하는 남자의 행동 두 가지가 있다.
거짓말 그리고 잠수 이별.

남자가 거짓말을 하는 이유는 숨길 것이 많아서가 아니다. 앞서 남자를 허세가 심한 여섯 살짜리 꼬마에 비유하며 배트맨의 망토를 언급했다. 거짓말이란 남자에게 망토다.
"이것 봐, 나 배트맨 맞지?"

남자는 자존감을 인정받고 확인받고 싶어서 거짓말을 한다. 그것도 자신이 가장 사랑하는 여자에게.

그래서 지키지 못할 약속을 한다. 난 배트맨이 맞다고.

잠수 이별이란 요즘 유행처럼 퍼지고 있는 남자들의 헤어짐 유형이다. 바로 잠수를 탐과 동시에 여자와 이별하는 것. 여자들 사이에선 '비겁한 겁쟁이'라며 욕을 한다. 하지만 비겁하기 때문만은 아니다.

남자는 자신 때문에 슬퍼하는 여자의 모습을 볼 수가 없다. 비록 마음은 변했을지라도 여자를 마지막까지 힘들게 하는 자신을 인정할 수 없는 것이다. 그래서 남자는, 잔인하지만 자신의 자존감을 위해 잠수 이별을 선택한다.

그러니 남자의 거짓말과 잠수 이별을 나쁜 남자만의 특징이라 생각하지 말자.

여자들이 욕하는 이런 행동들마저 여자를 지켜주는 남자의 기사도 정신이기 때문이다.

사이즈가
정말 중요해?

결론부터 말하자면 '중요'하다. 아니, 그것 말고, 인내심의 크기가 중요하다. 남자는 여자의 만족도가 크기, 힘, 또는 스태미나에 의존하는 줄 안다. 하지만 그게 다가 아니다.

일단, 여자는 스위치처럼 탁! 하고 켜지는 게 아니다. 시각적인 자극으로 다리가 열리는 것이 아니다. 감정적인 자극이 필요하다.

역사적으로 남자는 자손의 양이 중요했다. 건강히 잘 낳을 수 있는 여자를 찾고 씨를 심으면 됐다. 하지만 여자는 양보다 질이다. 우월한 유전자를 가지고 있는 남자를 찾아야 했다. 그러기 위해선 머리끝부터 발끝까지 훑어보는 것으론 안 된다. 대화를 해보고 지적인 요소, 감성적인 요소, 신체적인 요소…… 모두 꼼꼼히 따져보며 마음을 연다. (여자가 쇼핑을 잘하는 이유도 여기 있다.)

그렇기 때문에 남자가 섹스할 준비가 되었다고 해서 여자도 똑같은 것은 아니다. 여자는 마음을 열기 위해선 편안하고 안전한 마음이 중요하다. 비록 남자의 섹스는 시작과 끝이 없이 불쑥 중간만 있으나, 여자의 섹스는 시작이 더디고 끝도 더딘 과정이다.

오래전 종영한 미드 <프렌즈>에서 남녀 간의 섹스에 대한 불만을 그려낸 적이 있었다.

남자들은 키스하는 것 또는 전희를 그저 핑크 플로이드 Pink Floyd (주: 유명 영국밴드) 콘서트에 갔을 때 견뎌야 하는 개그맨과도 같다고 했다. 개그맨이 좋긴 하지만 그 이유로 콘서트 표를 산 것은 아니지 않느냐고. 그렇지만 여자는 완벽한 콘서트가 끝난 후에도 그 개그맨을 다시 불러내고 싶어 한다고 한다. 사실 남자는 깨어 있는 것만도 힘든데 말이다. 그러자 여자는 말한다. 개그맨을 다시 불러내지 않으면 앞으론 핑크 플로이드 앨범을 집에서 혼자 들을 각오나 하라고.

내 공식 이상형은 '행복한' 남자다. 난 외모는 신경 안 쓴다. 그러나 비공식적 이상형은 입술이 두꺼운 남자다. 무의식적으로 키스를 잘할 것 같은 남자에게 끌려서인 것 같다. 이만큼 키스는 여자에게 중요하다.

남자에겐 섹스 자체가 중요하겠지만, 여자에겐 그보다 친밀감, 일체감, 느껴지는 사랑에 의미가 있다. 그러니 남자는 인내심을 가지고 임해야 한다. 제발 자신이 원하는 것만 생각하지 말아 달라는 거다. 여자도 남자에게 그만큼 소중한 것을 원하고 있다.

"내가 그걸 왜!"라고 생각하는 남자들에게 한마디!

수컷 문어는 암컷 문어와 짝짓기를 한 후 치매에 걸린다고 한다. 무슨 일이 누구와 어떻게 있었는지 평생 모르고 사는 거다. 문어로 태어나지 않은 것에 감사하자.

섹스 자체보다 섹스로 얻어지는 감정과 느낌을 더 소중히 한다고 해서 여자가 섹스를 원하지 않는다는 건 아니다. 여자도 똑같이 섹스를 즐길 수 있다. 어쩌면 남자보다 더! 문제는 우리가 섹스에 대해 너무 모르고 산다는 것뿐. 그렇게 중요한 섹스에 대해 말이다.

남자의 귀두에는 4천 개의 신경이 있다고 한다. 반면에 여자의 클리토리스에는 8천 개의 신경이 있다고 한다. 지속되는 시간과 강렬함 등을 따지면 여자의 오르가슴은 남자에 비해 7배가 강하다고 한다. 남자의 오르가슴은 한 곳에 집중되어 있지만, 여자는 온몸으로 오르가슴을 느낀다.

또, 여자만 느낄 수 있다는 멀티 오르가슴이라는 단어를 들어보았을 것이다. 여자는 남자와 다르게 오르가슴 뒤에 오르가슴을 지속적으로 느낄 수 있다. 할렐루야!

이런 느낌, 남자라면 내 여자에게 느끼게 하고 싶을 것이다.

하지만 너무 많은 사람들은 여자에겐 오르가슴이 없는 것이라고 알고 있다. 또 어떻게 해야 오르가슴을 느끼게 할 수 있는지 모르고 있다. 역사적인 할리우드 섹스 심벌 마릴린 먼로도 단 한 번의 오르가슴을 느끼지 못하고 죽었다고 하니, 얼마나 심각한 문제인지 짐작할 수 있을 것이다.

나의 성생활을 두려워하거나 부끄러워하지 말아야 한다. 더 솔직하게 다가가고 더 인내심을 가지고 배워가자. 이렇게 해야 우린 비로소 썩섹스(주: 성공^{success}+섹스^{sex}의 합성어)를 얻을 수 있을 것이다.

여자도 여자가
뭘 원하는지 모른다

　현대사회에 남녀 간의 역할은 중성화되어 가고 있다. 과거에 여자의 역할은 살림을 살고 아이를 돌보는 것이었다. 그러나 현대 여자는 일과 육아를 동시에 책임져야 한다.

　사람들은 양성평등화 추세로 인해, 남자보다 여자가 살기 편한 시대가 되었다고 생각한다. 그러나 오히려 그 반대다.

　회사는 여전히 남자의 세계다. 바쁘고, 시끄럽고, 정신없고, 해결할 일이 있는 곳이다. 바로 테스토스테론 수치를 올리는 곳이다. 테스토스테론은 남자를 이런 상황에 적합한 사람으로 만든다.

남자는 테스토스테론이 많아야 스트레스가 줄지만, 여자는 테스토스테론이 많을 때 힘들어 한다. 하여 회사에서 여자의 스트레스 수치는 남자에 비해 두 배라고 한다.

여자는 에스트로겐이 많아야 스트레스가 주는데, 이 에스트로겐을 올리기 위해선 마음의 여유와 남을 돌보는 것이 필요하다. 그렇다면 퇴근 후 집에 와서 아이를 돌볼 때 여자는 에스트로겐을 회복하는가? 물론 아니다.

집에 오면 여자의 스트레스 수치는 남자에 비해 네 배가 된다고 한다. 바로 시간의 촉박함 때문이다. 또 한 번 테스토스테론을 높이는 '해결할 일'이 되어버리기 때문이다.

현대 여자는 이렇게 힘든 삶을 살고 있다. 독립하길 원하는 현대 여자는 독립할수록 남자가 더 필요해지는 것이다.

그러나 현대 여자는 자신에게 남자가 필요하다는 것을 인정하지 않는다. 남자보다 강하니까. 남자가 하는 것이라면 두 배는 더 잘할 수 있으니까. 틀린 말은 아닐지 몰라도 이 생각 자체가 연약함을 나타낸다.

진짜 강한 여자, 진짜 독립적인 여자는 스스로 할 수 있음에도 불구하고 억지 부리지 않는다. 자신의 강함을 남에게 입증 받지 않아도 된다.

"나도 할 수 있지만 오빠가 해줘서 더 행복해. 고마워."

입증을 받아야 하는 여자는 자신의 바쁨에 칭찬을 받아야 한다. 그래서 시간에 쫓기며 산다. 이런 여자는 스트레스로 인해 옥시토신 분비가 잦지 않다. 하루 종일 스트레스 속에서 긴장을 하고 살다가 남자친구를 만났을 때 그 긴장이 풀린다. 그리곤 꽁꽁 묶어놨던 불만들이 풀리기 시작한다.

처음엔 회사에서 있었던 일들에 대해서, 다음에는 가족이 주는 압박감에 대해서, 그리고는 자신과 비교되는 친구들에 대해서까지……. 그러나 남자는 이것을 해결해줘야 할 일이라 생각한다. 그래서 해결 방법을 제시해준다. 여자는 이런 남자가 불만스럽다.

여자에게 필요한 사랑은 해결이 아니라 이해다. 논리적이지 않고 말이 안 되는 여자의 불만들에 동의해주는 태도가 여자에게 가장 큰 사랑이다. 여자가 화를 내면 같이 화를 내주고. 슬퍼하면 같이 슬퍼해주고. 웃으면 같이 웃어주고……. 이런 사랑이 필요한 것이다.

남자와 달리 여자는 정말 많은 일에 신경을 쓰고 산다.

작은 일에도 빠짐없이 신경을 쓴다. 그래서 남자에겐 아무 일이 아닌 것도 사사건건 잔소리를 하고 산다.

"왜 그렇게 사냐?"고 생각하는 남성들이여, 이것 하나만 기억하자.

이렇게 완벽을 추구하는 여자가, 좋고 싫은 게 분명한 여자가, 여자의 모든 것을 바쳐서 사랑하고 싶은 사람으로 바로 당신이라는 한 남자를 선택했다는 것!

배트맨과
캣우먼

여자 안에는 백성이 자신만을 사랑해주기 원하는 이기적인 열네 살짜리 공주가 살고 있다. 근거?

캣우먼은 싸우러 갈 때도 꼭 하이힐을 신고 간다는 것. 왜? 언제 어디서나 나만 사랑스러운 여자이고 싶기 때문이다.

나만, 나만, 나만!

여자는 남자에게 시험용 질문을 계속 낸다.

"나 얼마나 사랑해?", "저 여자가 나보다 예뻐?", "날 위해 죽을 수 있어?"

이 질문들은 무언가를 해결해 달라는 뜻이 아니다. 남자의 사랑을 확인하고 싶은 것이다. 남자에게 여자란 자신밖에 없다는 것을 알고 싶기 때문이다. 그것도 계~속, 매일, 한 시간에 한 번씩!

사랑한다는 말 한 번 했으면 됐지, 여자들은 왜 자꾸 듣고 싶어 할까? 바로 에스트로겐 때문이다. 에스트로겐은 옥시토신을 분비한다. 그리고 옥시토신은 여자의 스트레스를 줄인다.

참고로 옥시토신은 남자에겐 다르게 반응한다. 남자 몸에는 섹스 후 옥시토신이 분비된다. 이때 남자는 잠이 든다. 사람을 차분하게 만드는 옥시토신은 남자에게 수면제다.

그러나 여자에겐 순수 행복 호르몬이다. 옥시토신이 분비되기 위해 여자에게 필요한 것은 무엇일까? 바로 남자에게 사랑을 확인받으면 된다. 계속, 매일, 한 시간에 한 번씩!

『화성에서 온 남자 금성에서 온 여자』의 저자는, 여자가 옥시토신 점수를 계산한다고 한다. 한 가지의 예쁜 행동은 옥시토신 점수 1점이다. 그렇기 때문에 장미 30송이나 장미 한 송이나 같은 1점이다. 이래서 여자는 계속 사랑한다는 말, 칭찬, 그리고 선물을 받아야 옥시토신 수치가 유지된다.

여기에 반전이 있다. 여자는 자기 자신에게도 옥시토신 점수를 준다. 남자에게 좋은 하루 보내라는 문자 보냈을 때 1점, 점심 때 사랑한다고 했을 때 1점, 그리고 저녁 때 예쁘게 차려입고 남자친구를 기다릴 때 1점. 그렇게 합이 3점이다. 그러나 남자는 장미 100송이라도 고작 1점이다.

여자는 3점. 남자는 1점. 여자는 서운하다. 내가 그를 사랑하는 것보다 그가 나를 덜 사랑하나 보다.

이렇게 말이 안 되는 것이 여자다. 그렇다면 '입막음'용 선물을 하면 되겠네. 아니다. 여자에게 이건 더 모욕적이다. 여자는 남자가 자신을 진짜 사랑하고 깊이 생각하고 있다는 것을 알고 싶다. 그래서 선물보단 사랑한다는 말이 더 잘 통하는 법이다.

여자를 사랑해주고 싶다면 여자의 사랑스러움을 알고 말로 표현해주면 된다. '온 우주에서 가장' 사랑스러운 여자가 아니라, '단 하나뿐인' 사랑스러운 여자라고.
나만, 나만, 나만!

여자에게
가장 좋은 선물

여자는 돈에 약하다는 고정관념이 있다. 그리고 여자는 단것에 약하다는 고정관념이 있다. 그래서 여자가 원하는 것도 당연히 물질적인 '선물'일 것이라 생각한다.

그렇지만 어쩌면 선물은 여자의 집중을 방해할지도 모른다. 그저 주의를 돌릴 뿐이다. 뼈가 부러졌을 때 '연고 좀 바르고 반창고 좀 붙이면 되겠지' 생각하는 것과 똑같다.

미국에서 출석을 부를 때 "present!"라고 대답한다.

바로, '여기 존재합니다, 현재 여기 있습니다'의 의미로 해석할 수 있을 것 같다.

present라는 이 단어를 다른 말로 하면 '선물'이다.

존재, 이게 남자가 여자에게 줄 수 있는 최고의 선물이다. 그저 지금 옆에 존재해주는 것.

여기서 남자는 굉장히 헷갈릴 것이다. 자신은 충분히 옆에 존재해준다고 생각한다.

저번 주엔 영화도 같이 보러 갔다. 그리고 야구도 같이 보러 갔었다. 심지어 친구들과의 술자리도 데리고 갔다. 게임도 꼭 여자친구를 옆에 앉혀놓고 한다. 충분히 옆에 존재해준다.

여자가 사랑이라 느끼는 '현재의 존재'는 그냥 옆에 있어주는 게 아니다. 오감 전체가 여자에게 집중되어 있는 '현재의 존재'를 말한다. 그러나 한 번에 한 가지밖에 집중을 못하는 남자는, 여자친구와 밥을 먹으면서도 스마트폰에 빠지면 스마트폰에만 집중하게 된다. 여자친구가 말을 해도 들리지 않는다. 여자의 입장에선 무시당하는 것처럼 느껴진다.

여자는 사회에서 이미 무시를 당하고 산다. 상사에게, 남자에게, 그리고 다른 여자에게도. 여자는 어려서부터 특정 방식으로 행동해야 한다고 배운다.

"여자가 그게 뭐니?", "가려.", "다리 모아."

마치 여자로 태어난 것에 죄책감이나 수치심을 느껴야 하는 것처럼.

80년대에 모든 사람들을 충격에 빠트린 수수께끼가 있었다.

아버지와 아들이 차를 타고 가다가 사고가 나서 아버지는 즉사했다. 아들은 곧 병원으로 옮겨졌다. 그 병원에서 아들은 담당의사에게 진료를 받게 되었는데, 그 담당의사는 이렇게 말했다.

"난 저 소년을 수술할 수 없어요. 그는 나의 아들이에요."

아버지가 그 자리에서 즉사했는데 어떻게 또 아버지가 있을 수가 있느냐에 대한 질문으로 이 수수께끼는 풀리지 않았다. 아무도 담당의사가 여자라는 것을 깨닫지 못했다.

여자는 여전히 이렇게 무시를 당하며 살고 있다. 그렇기 때문에 내가 가장 사랑하고 나를 가장 사랑해주는 남자친구에게까지 무시를 당한다는 것은 매우 큰 상처다. 여자는 상처를 받으면 슬퍼하기보다는 화가 난다. 이유도 설명 안 하고 일단 화부터 낸다면 그녀가 상처받았다는 것을 기억하자.

남자는 여자의 말발을 이길 수 없다. 연습이 많아서이기도 하다. 그러나 더 의미 있는 이유는, 여자는 싸울 때 감정이 북받쳐 논리적이지 않게 생각나는 말들을 따발따발 쏘아대기 때문이다. 다다다다다다다다다다다.

남자는 여자의 이 말들이 이해가 안 되기 때문에 이길 수 없다. 이해가 안 되는 이유는, 말이 안 되기 때문이다.

그러니 여자에게 또 한 번 말싸움으로 지는 게 싫다면, 나의 존재를 그녀에게 포기해버리는 방법밖에 없다. 여자에게 모든 집중을 쏟아주면 된다. 존재를 주고, 현재를 주는 방법이다. 나의 지금. '게임 한 판만 더 하고'가 아닌 지금, 당장! 빨리!! 롸잇나우!!!

포옹

누군가에게 안기는 것
완전한 굴복과 신뢰를 뜻한다

전쟁에 나가면 몸의 앞쪽보다는
뒤를 노출시키는 것이 위험하다
두 눈 똑바로 뜨고
앞에서 다가오는 적은 무찌를 수 있지만
뒤에선 누가 공격해도 보이지 않는다

누군가에게 안기는 깃

나의 몸의 앞은
그대에게 굴복하리니
나의 몸의 뒤는
그대가 보호해주오

꽃 날리는
영화 속 사랑,

나도
하자
좀!

연애찌개에
낭만은 MSG!

  '마.싯.쥐'의 약어라는 MSG. 조미료 맛이 안 나면 찌개가 맛없게 느껴질 만큼 우리의 입맛은 '마싯쥐'에 길들여져 있다. MSG의 유해성에 대한 논란은 여전하다. 하지만 진실은 이것이다.

  우리는 자연에 있는 MSG가 아닌, 인공적으로 만들어낸 MSG 성분을 먹는다. 이 화학조미료는 섭취 후 바로 피로 흡수되어 피의 농도를 수십 배 높이고 뇌세포를 공격한다.

  연애찌개에도 우리는 MSG를 첨가한다. 바로 '낭만'이라는 이름의 MSG다. 처음에는 인공적으로 만들어진 낭만도 '마싯다.' 하지만 결국 이 화학조미료는 피의 농도를 수

십 배 높여 스트레스 치수를 올린다. 또 뇌세포를 공격해서 똑바로 생각할 수 없게 만든다.

우린 드라마에서, 영화에서, 뮤직비디오에서, 사랑 노래에서 낭만적인 사랑을 원하라고 배웠다. 운명처럼 만나 낭만적인 사랑을 하다가, 사소한 오해로 토라졌다가, 낭만의 힘으로 사랑을 되찾고, 낭만적으로 살아가는 사랑 말이다.

이런 '샤랄라'한 낭만은 늘 심각하다. 하지만 현실은 이렇게 심각하지 못하다. 현실엔 NG 투성이다. 결국 심각한 '낭만'이란 조미료를 쫓다가 '행복'이란 메인 재료를 놓치는 법이다.

카메라 앞에선 싸움조차 낭만적인 탓에 눈물도 또르르 아름답게 흐른다. 하지만 현실에선 눈물도 원하는 방향으로 흐르지 않는다. 침이 튀기고, 콧물범벅이 된 눈물은 전혀 아름답지 않다.

어차피 그럴 거면 그냥 다 내려놓자. 자존심은 상할지 몰라도, 싸우다가 내가 먼저 망가지는 법을 배우자. 말다툼을 하다가 감정에 북받쳐 말을 더듬거나 목소리가 깨지면, 그런 상황에서 웃는 법도 배우자.

올해도 결혼기념일을 잊어버린 남편 때문에 속상해 하지 말자.

비 오는 날에 키스? 오픈카 타고 달리기? 바다에서 지는 해 바라보기? 이런 낭만을 기대하지는 않았는가? 이런 낭만은 영화에나 두는 것이 옳다. 왜냐하면 현실엔 독감, 바람과 머리카락, 그리고 흡혈모기가 존재하기 때문이다.

인공적인 낭만을 바라는 대신 웃음을 선택하자. "나랑 맞장 뜨자는 거지 지금?"이라며 몇 번 때리다가 웃고 넘겨버리자. 감정 섞어서 몇 대 때리는 것은 물론 잊지 말고!

나도 남자친구가 실수했을 땐 반성문도 받아봤고, 내가 실수했을 땐 두 손 번쩍 들고 구석에서 벌을 서기도 했다. 미치광이 같지만 이런 유머러스한 행동들로 인해 다투면서도, 다툰 후에도 서로를 사랑하고 생각하는 마음이 사라지지 않는다. 어쩌면 이것이야말로 자연스럽게 만들어지는 '진짜' 낭만과 로맨스 아닐까?

　순수한 아이들의 싸움이 오래 가지 않는 비결은 여기 있
다. 늘어지거나 질척거리지 않는다. 누군가의 잘못이 있다
면 그에 마땅한 벌을 치르고 용서한다. 그 잘못은 잊어버
려 준다는 뜻이다. 머리만 큰 어른들은 어린이의 이런 너
그러움을 배워야 한다.

세상엔 울 일이 너무 많다. 우린 더 많이 웃어야 한다. 이런 의미에서 유머는 우리에게 창문과 같은 존재다. 사는 게 답답하고 지칠 때, 창문을 활짝 열고 숨을 깊이 마셔라. 우리 삶엔 아직도 웃을 일이 많다. 우리의 웃음은 남에게 행복으로 전해진다는 것을 잊지 말자.

외도 방지
시소 타기

　마케팅 이론에 의하면, 사람은 익숙하면서도 새로운 것에 끌린다. 사랑에서도 마찬가지다. 안정과 편안함을 갈구하면서도 그 안에서의 자유와 색다름을 원한다.

　사람은 자기가 필요한 자유와 색다름을 그 안정과 편안함 안에서 찾지 못하면 다른 곳에서 필요한 스릴을 찾게 된다. 가벼운 취미 생활로 끝나면 천만 다행이다. 하지만 이렇게 외도도 시작된다.

　외도란 섹스에 관한 게 아니다. 욕구에 관한 것이다. 다시 내가 특별한 사람이길 욕구하고, 관심을 욕구하고, 처음 사랑에 빠졌을 때의 그 흥분을 욕구하는 것이다.

외도.

외도는 결혼만큼 오래 된 것이다. 심지어 성경에 있는 십계명 중 두 계명이 외도를 금지한다. 행동으로 옮기는 것이 한 번 금지되어 있고, 또 한 번은 생각조차 금지되어 있다. 이만큼 중요한 문제다.

그러나 우린 외도를 터부시 여기고 무시하길 좋아한다. 나에겐 일어날 수 없는 일이라며 생각조차 하기 싫어한다. 하지만 많게는 부부의 75%가 외도 경험이 있을 수도 있다고 한다. 실제 숫자를 계산하기 어려운 것은, 우리에겐 외도란 정의조차 어렵기 때문이다.

외도는 '섹슈얼 알케미sexual alchemy'라는 말이 있다. '성적 연금술'이라 하면 적절한 해석일까? 이 성적 연금술이란 상상에서 펼쳐지는 외도를 뜻하기도 한다. 내 애인이 아닌 다른 사람에게 키스하는 것을 상상만 해도, 몇 시간 동안 강렬한 사랑을 나눴을 때 느끼는 전율이 동일하게 느껴지기 때문이다.

마르셀 프루스트가 말했듯, 사랑의 책임은 상상력에 있

지, 상대방에게 있는 게 아니다.

　외도는 다른 사람을 찾는 게 아니다. 대부분은 변한 나
의 모습이 싫증나서 예전의 모습을 찾기 위함이다. 사랑
과 삶에 익숙해진 내가 싫어서 일종의 일탈을 꿈꾸는 것
이다. 외도란 '금지된 열매'를 따는 것이기에 더 가지고 싶
은 것이다.

하지만 외도를 위해 소모되는 용기, 걱정, 거짓말, 노력은 다른 방향으로 전환시키는 게 낫다. 차라리 나에게 더 중요한 관계에 활용하라는 말이다.

외도를 방지하기 위해선 친밀감과 거리감의 시소를 잘타야 한다. 모든 사람은 사랑에서 친밀감과 거리감이 필요하다. 사람마다 필요한 정도는 다르다. 서로에게 필요한 친밀감과 거리감을 파악하기 위한 솔직한 대화가 필요하다.

한 달, 일주일, 또는 하루에 몇 시간은 혼자 있는 시간으로 정해놓을 수 있다. 또는 거리감 필요 게이지^{gauge}가 더 높은 쪽이 필요할 때마다 구체적으로 미리 상대방에게 알려야 한다.

"갑자기 말해서 미안한데, 오늘 밤은 7시부터 9시까지 혼자 어디를 가서 무엇을 하고 올게. 이런저런 문제가 있어서 혼자 머리 좀 식히다가 와야 할 것 같아. 내일은 퇴근 후 꼭 같이 무엇을 하자."

이런 문자 하나면 된다. 되도록이면 육하원칙을 모두 사용하여 구체적으로 말하는 게 좋다. 그리고 가장 중요한 것은, 마지막에 필요한 거리를 내주는 것의 보상으로 언제 어떻게 친밀감을 표현할지 포함시켜야 한다는 점이다. 이 문자를 받은, 친밀감 필요 게이지가 높은 쪽은 신뢰를 주면 된다.

때로는 상대방이 육하원칙을 모두 사용해서 설명하기 어려울 때도 있을 것이다. 그렇다고 해도 꼬치꼬치 캐물으면 더 멀어지게만 된다. 그저 믿어주면 된다.

어떠한 변화와 동일하게 적응할 기간이 필요하다. 하지만 서로에 대한 믿음과 솔직한 대화로 편안함에서 필요한 자유와 새다롬을 찾을 수 있을 것이다. 더 이상 '외도'라는 필요도 없는 관계를 유지할 필요가 없다는 말이다.

연애도 많이 해봐야
잘 한다고?

어른들은 흔히 말한다. 연애 많이 해보라고.

물론 연애를 많이 하면 데이트는 잘 할 수 있다. 그러나 데이트를 잘 하는 것과 사랑을 잘 하는 것은 다르다.

내 주위엔 20대 후반 혹은 30대 때 첫 여자친구를 만나 결혼까지 골인한 사람이 한둘이 아니다. 사실 연애를 많이 하면 그만큼 헤어짐도 많다. 즉, 사랑에 실패를 많이 하면 상처도 그만큼 많다는 뜻이다. 하여 더 이상 상처를 받지 않으려고 방어를 하게 되고, 그만큼 사람이 간사해진다. 결국 점점 연애를 못하게 되는 것이다.

모솔도 충분히 연애 박사가 될 수 있고 행복한 사랑을 할 수 있다. 왜냐, 우린 평생 한 사람을 사랑하는 연습을 이미 해왔으니까. 무슨 소리냐고? 우리가 평생 아무런 의심 없이 사랑해온 단 한 사람, 그건 바로 나 자신이니 말이다. 나를 잘 알고 사랑할 줄 아는 사람이 남도 잘 사랑할 수 있다.

사람들은 당연히 자신만큼 자신을 가장 잘 알고 사랑하는 사람은 없다고 생각하지만, 사실 그건 생각보다 굉장히 어려운 일이다. 아이러니하게도 우리는 우리 자신에 대해 배우려면 다른 사람이라는 거울이 꼭 필요하다.

우리는 일평생 반사된 형상이나 사진 또는 동영상에 찍힌 모습으로만 자신을 만날 수 있다. 마치 평생 내 뒤통수를 볼 수 없는 것처럼, 진정한 자신의 모습을 볼 수 없다는 말이다. 나를 알기 위해선 남과 가깝게 소통하는 나를 관찰해야 한다.

아주 깊은 사랑을 해봐야 우리는 우리의 실체를 조금씩 알게 된다. 사랑은 사람의 최고와 최악을 드러내기 때문이다. 여러 번의 짧은 연애보다는 단 한 번의 깊은 사랑을 통해야만, 우리는 자신이 필요하고 원하는 사랑이 뭔지 배울 수 있게 된다. 그리고 그 배움이 있어야만 그런 사랑을 요구하고 받을 수 있다.

최근에 있었던 일이다.

일이 바빠져서 여기저기서 연락이 오는 남자친구는, 데이트 할 때도 내 얼굴보다는 스마트폰님의 얼굴을 바라보느라 내 말에 집중을 못했다. 나도 어렵게 시간을 내서 오빠를 만나는 건데 나한테 집중하지 않는다고 화를 냈다. 오직 한 번에 한 가지에만 집중하는, 남자의 이런 성향을 이해 못하는 게 아니었다.

유난히도 서운했던 이유는, 내 시간이 남자친구의 시간보다 비싸다고 느껴서가 아니다. 난 당시 주 5일 근무하는 엄격한 법률 사무소에서 일을 하면서 프리랜서로 번역 일

을 하고 책까지 쓰고 있었다. 쓰리잡^{three jobs}을 저글링 하면서
도 욕심이 많은지라 미술 학원도 다니고 있었다. 또, 건강
을 챙긴다고 운동도 다니고 도시락도 싸가지고 다녔다. 그
렇다고 집안일을 소홀히 하거나 키우는 미니돼지를 챙기
지 않는 것도 아니었다. 난 내가 봐도 슈퍼우먼이었다. 그
걸 인정해주는 말이 듣고 싶었던 것이다.

남자친구는 당연히 "고생하는 거 알고, 대단하다고 생
각한다."고 했다. 하지만 난 생각 따위를 바라는 게 아니었
다. 또박또박 한 자도 빠짐없이 남자친구의 입에서 나오는
말로 들어야 했다.

엊그제 만난 사이도 아닌 우리가, 그제야 서로에 대해 조
금이나마 알게 된 기분이었다.

난 16년의 연애 경력이 있다. 그 16년간 5개 국적의 6살
연하부터 9살 연상까지 11명의 남자와 연애를 해보았다.
이 정도면 프로는 못 돼도 올림픽은 나갈 수 있는 수준일
거라 생각했다. 그런 나도 이제야, 내가 원하는 사랑을 요
구할 줄 알게 된 것이다.

이혼은
사랑의 실패가 아니다

　요즘 갱년기 여성들 사이에서 뜨고 있는 단어가 있다. 폐경이 아닌 '완경'이라는 말이다. 여자로서의 마지막이라는 부정적인 의미가 아니라, 완성되었다는 긍정적인 의미를 지니고 있다. 패경은 숨기고 힘들어 해야 할 것이 아니라 축하해야 할 일이다.

　마찬가지로 사랑이 발효되어 헤어지거나 이혼하게 되는 것도 사랑의 실패가 아니라 완성이라는 시점으로 볼 수 있다. 물론 사랑은 쉽게 맺고 쉽게 끝낼 수 있는 것도 아니고, 그래서도 안 된다.

　사람은 투정부리는 것을 좋아한다. 본인의 잘못을 인정

하는 것은 아프고 힘들다. 그래서 쉽게 환경 탓을 하고, 남의 탓을 하며 문제를 덮어버린다. 하지만 용기를 가지고 잘못을 인정해야 극복하고 이겨낼 수 있다. 환경 탓, 남의 탓이라면 문제는 변할 수 없지만 본인의 잘못이면 개선될 수 있다.

변화를 원한다면 내가 바로 그 변화가 되면 되는 것이다. 말로만 변화를 바라지 말고, 씨를 심고 물을 뿌려서 거두어야 되는 것이다.

사랑에도 이런 용기가 필요하다. 상처를 받고 다시 사랑할 용기가 나지 않을 때, 사람이 얼마나 강한지를 생각해보자. 우리 이모는 두 번의 다른 암을 이겨냈다. 아는 아저씨는 배에 총 여덟 발을 맞고도 살아났다. 살고자 하는 의지를 가진 사람은 쉽게 죽지 않는다. 게다가 사랑에 아파 죽는 사

람은 없다.

울기도 하고, 이기적인 행동도 하고, 바보도 되어 보고…… 그런 후에 훌훌 털어버리면 된다. 더 아름답고 강하게 사랑하는 방법을 배우는 것이다.

사랑은 살아 있다. 살아 있다는 것은 움직인다는 것을 뜻한다. 피가 흐르고 숨을 쉰다. 사랑도 움직여야 산다. 사랑에 행복하지 않다면 지금이 용기를 가지고 움직일 때다.

하지만 노력을 해도 행복하지 않은 관계는 끊을 줄도 알아야 한다. 헤어지느냐 마느냐의 결정 앞에서는 이런 질문을 던져 보면 힌트를 얻을 수 있다.

"이 관계를 유지하는 것이 나를 발전시킬 것인가? 아니면 지금 당장 끊는 것이 나를 발전시킬 것인가?"

헤어짐 또는 이혼을 격려하는 건 절대 아니다. 이미 헤어짐과 이혼의 아픔을 겪고 스스로를 실패자라 자책하는 이들에게 긍정의 메시지를 전하고 싶을 뿐이다.

결국 내 인생에서 가장 중요한 사랑의 대상은 다름 아닌 '나'다. 그렇기 때문에 이별 후에도 가장 중요한 질문은 내가 '나 자신을 사랑하는가?'여야 한다.

대부분의 헤어짐 후엔 자괴감이 남는다. 이혼 후엔 더 심하다. 주위 사람들을 실망시킨 것 같고, 서로 주고받은 상처가 그대로 노출되어 있어 아프고 힘들다. 그러나 이유 있는 헤어짐이었기에 그 안에서 희망의 빛을 찾을 줄 알아야 한다.

이제 이별을 통해 더 강한 사람이 되었으며 시야가 넓어졌다. 힘든 상황 속에서 나를 사랑할 수 있는 근육도 한 번 더 사용해봤다. 레벨 업 한 것이다. 이런 의미에선 헤어짐 속에서도 사랑을 버리지 않았음을 축하 받아야 한다.

검은 머리 파뿌리 될 때까지 영원히 아끼고 사랑할 사람은, 우선 나 자신이다.

헤어짐,
그 이후

우리는 인식하지 못하고 살지만 모든 사랑은 어떠한 형태로든 끝이 난다. 어떻게 끝나도 아픈 게 사랑이다. 하지만 상처만 남은 사랑이었다면 그 아픔은 더 오래간다. 심지어 그 후의 사랑과 삶에도 큰 영향을 미친다.

나도 상처가 가득한 사랑들을 경험하고, 그 후유증에 크게 시달렸다. 열다섯 어린 나이에 날 사랑하니 괜찮다던 남자친구에게 데이트 강간을 당했다. 꽃다운 20대엔 3년 가까이 만나던 남자에게 지독한 폭언도 당해봤고, 그 남자의 의지대로 낙태도 했다. 그래도 난 내 자신보다 남자를 더 사랑한다고 생각했다.

반복된 헤어짐으로 인해 내 자존감은 더 낮아졌다. 10년 넘게 시달려온 섭식장애, 우울증, 자해 등의 정신문제들은 나를 삼킬 듯 덮쳐왔다. 난 나를 계속 피해자라 생각했었다.

그러나 그건 큰 착각이었다. 난 생존자다. 이렇게 강한 나를 만났다. 있는 모습 그대로 사랑할 수 있게 되었다. 그리고 그 경험들로 인해 나에게 맞는 결정들을 할 수 있게 되었다.

세미콜론 (;)
끝나야 했던 문장이 끝나지 않았을 때.

더 이상 사랑하지 않는 사람과 또는 더 이상 행복하지 않은 관계에 우린 너무 오래 머물러 있다.

아프고 힘들지만 끝나야 할 문장은 펜에 잉크가 남아 있을 때 점찍고 마칠 것!

그렇다면 밖에 며칠 내어둔 사과처럼 사랑이 부패되어

마침표를 찍어야 할 시점이라는 걸 어떻게 구분해야 할까?

사람, 사랑, 관계, 상황은 모두 다르기 때문에 한 가지 규칙이 모두에게 적용될 리는 없다. 하지만 이것은 기억하자. 내 인생을 영화라고 한다면 여전히 나는 주인공인가? 더 이상 내가 주인공이 아니라면 현재 상황을 바꿔야 할 때다.

남겨진 조각들을 다시 주어
내 자신을 찾아가는 3가지 방법

1. 나와 상대방 용서하기

내 자신부터 용서하자.

"왜 그렇게 똥멍청이같이 당하고만 있었어?"

아니다, 강하니 참을 수 있었던 거다. 그리고 "이젠 그만!"이란 생각으로 관계를 끊기로, 또는 사랑을 잊기로 결정한 것도 대단한 용기가 필요했다.

이런 과정들로 인해 맷집이 생긴다. 이젠 어떤 전쟁에

서도 싸워 이길 수 있는 장군감이 된 것이다. 그러니 이렇게 말하자,

"이리 오너라, 이놈의 세상아!"

상대방을 용서하는 것도 필요하다. 상처를 입히는 사람의 대부분은 자신이 받은 상처가 치유 안 된 사람들이다. 그래서 똑같은 상처를 남에게 줄 때 그 사람이 더 아프다고도 한다. 강하지 못한 사람이라 그렇다. 지나간 일은 바꿀 수 없으니 충실히 내 삶을 살아가자.

용서하지 않는 것은, '내가 독을 먹으면서 상대방이 죽기를 기다리는 것'이라는 말이 있다. 상대방을 용서하지 않는 것은 나에게만 안 좋은 영향을 끼친다.

2. 나를 사랑해주기

사랑하던 사람과 헤어지고 나면 여러 가지 부정적인 감정들에 휩쓸려 헤어 나오기가 힘들어진다. 그냥 이불에 쌓인 주먹밥이 되고 싶어진다. 그렇지만 펑펑 우는 것은 3일 이상 지속되면 카타르시스가 멈춘다. 그 이후론 우울해(海)

에 빠져 익사하게 될 뿐이다. 당당하게 아픈 후, 이젠 날 사랑해줄 차례다.

그저 좋은 걸 보고 먹고 듣고, 그렇게 날 챙기는 걸 의미하는 게 아니다. 내가 '나'이기 때문에 나를 사랑하는 것은, 단지 내가 살아가기 위한 편의의 목적일 뿐이다. 있는 모습 그대로의 나를 인정해주고 존중해주는 것이 진짜 나를 사랑해주는 방법이다.

다른 사람에게 사랑받고 싶은 대로 나를 대해주자. 오글거리지만 나와 데이트를 즐기자. 내가 좋아하는 일들을 하며 숨을 크게 들이마시자. 나와 사랑에 빠질 기회를 갖는 것이다.

3. 외로움을 겁내지 말기

헤어짐 후의 슬픔은 중독에서 벗어날 때 경험하는 명현현상과도 같다. 스트레스 호르몬인 코르티솔과 아드레날린이 분비되면서 심장이 빨리 뛰고 근육도 아프다. 감기가 걸리기도 하고, 소화도 잘 안 된다.

사람들은 이 현상에 더 큰 의미를 둔다. 의식적으로 또는 무의식적으로, 몸을 정상으로 되돌리고자 다시 애인에게 돌아가려고 하기도 한다. 또는 다른 이성을 보험 삼아 곁에 두려고 하기도 한다.

하지만 몸이 해독될 때 느끼듯 이 시간이 지나면 맑은 정신으로 돌아오게 된다는 것을 잊지 말자. 이건 외로움이 아니다. 좋고 필요한 변화다.

하지만 몸이 신체적으로 반응하는 것은 무시하지 말자. 나를 보살펴 줘야 할 때다.

탈수 상태가 되지 않고 전해질이 부족해지지 않도록 물을 많이 마시고 과일과 야채를 먹자.

힘들 땐 친구와 가족에게 기대도 된다는 것을 잊지 말자. 나를 사랑하는 사람은 내 애인뿐이었던 게 아니다. 사랑하는 사람들에게 긍정적인 기운을 받자. 그리고 헤어짐이 왜 필요했는지 나에게 꾸준히 상기시켜주자.

우리가 외로움을 겁내는 이유는, 누군가의 애인으로써의 내가 아닌, 독립적인 '나'의 신분이 익숙하지 않기 때문이다. 자존감을 높여야 독립적인 내가 설 수 있다.

오늘 내가 죽어도 세상은 바뀌지 않는다.
하지만 내가 살아 있는 한 세상은 바뀐다.

— 아리스토텔레스

진실된
사랑

적용편

변하는 사람,
변하는 사랑

   사람은 변한다. 사람의 변화는 유동적이다. 처음과 같지 않다는 게 여자에게는 받아들이기 쉽지 않을 수도 있다. 하지만 사랑하는 사람과는 함께 변하는 것이다. 서로 닮아가고 모난 부분은 깎이면서 더 잘 맞는 두 개의 퍼즐 피스가 되는 것이다.

   사랑도 변한다. 변한다고 해서 그 사랑이 없어지는 것은 아니다. 더 성숙해진 사랑을 할 수 있게 된 것뿐이다. 설렘은 없어졌더라도 무너뜨릴 수 없는 신뢰와 믿음이 생긴다. 사랑이 변할 수는 있지만 멈추지는 않는다. 사랑은 '항상' 하는 것이다. Always, All ways! 항상, 그리고 모든 방법을 동원해서!

시간의 흐름에 따라 변하는 내 애인의 모습을 인정해야
한다. 그리고 유동적으로 함께 변해야 한다. 때와 장소의
흐름에 따라 서서히 변하는 내 애인의 새로운 모습을 발견
할 수 있을 것이다. 탐험하길 멈추면 안 된다.

그러니 사랑만 하지 말고 호기심을 가져라.

1. 큰 변화를 위해 사소한 행동을 하자

내가 집에서 쓰는 락앤라 물통에는 물 쪽으로 보이게 '감
사'라는 단어가 쓰여 있다. 물이 고운 말과 쓴 말을 구분하
여 세포가 활성화되거나 썩는다는 것도 이미 증명되었다.
물에게 따뜻한 말을 하면 효과가 나타난다고 하니, 사랑하
는 사람에게는 더욱 좋은 말을 해야 하지 않을까? 결국 내
가 사랑하는 그 사람의 72.8%도 물이니까 말이다.

따뜻한 말을 하면 본인부터 변한다는 연구 발표도 있다.

전 세계적으로 욕은 센 발음들로 구성되어 있다. 한국에서도 쌍시옷, 쌍기역 등의 자음이 들어간 욕이 많다. 각진 'ㅅ'이나 'ㄱ'자가 머리에 콱콱 박힌다. 역사적으로 강한 발음들을 쓰게 된 국가들은 전쟁을 많이 일으켰다고 한다. 독일을 생각해보자. 아무리 부드러운 말을 해도 발음 때문에 화가 난 것같이 느껴진다.

나부터 건강하고 행복해야 건강하고 행복한 사랑을 할 수 있다. 고급 차엔 고급 연료를 넣어야 한다. 건강한 음식을 먹자. 햇볕을 쬐자. 나부터 사랑하자. 늘 감사하자. 계속 생각하고 듣는 것에 우린 집중하게 되어 있다. 코끼리를 생각하지 말라고 하면 온통 코끼리만 생각나는 것처럼 말이다.

"난 이렇기 때문에 당신이 좋아"
또는
"우리가 이렇기 때문에 행복해."

행복은 내부에서 생겨나는 에너지이다. 외적인 것에 의존하는 것이 아니다. 내가 행복하다고 정하면 정말 행복해지는 것이다.

나는 행복하다!

왜냐하면 행복하기 때문이다.

2. 쫑쫑이 쏘기

전 세계적으로 사랑을 나타내는 상징은 하트다. 바로 심장. 사실 사랑은 심장이 아니라 뇌로 하는 것이지만, 그렇다고 심장의 중요성이 떨어지는 것은 아니다.

과학적으로 설명하자면, 인체의 모든 장기는 전류를 만들어낸다. 그리고 그중에서도 심장은 다른 모든 장기보다 60배나 많은 전류를 만들어낸다. 이게 중요한 이유는, 바로 전류가 '자기장'을 만들어내기 때문이다.

심장의 이 자기장은 몸으로부터 반경 2~3미터까지 영향을 준다. 그렇기 때문에 우리가 긍정적일 때 주위 모든 것이 그 힘으로 변한다는 것이다. 『더 시크릿^{The Secret}』(주: 긍정적인 생각은 우주로 하여금 긍정적인 결과를 낳게 한다는 내용)에 나오는 허술한 뉴에이지^{New Age} 이론이 아니다. 과학이다.

더 신기한 것은, 심장은 기억과 성격도 저장한다고 한다. SF가 아니다. 실제로 있었던 의학보고 중에도 있었다. 한 70세 할머니는 심장 이식을 받은 후 안 먹던 치킨너깃과 맥주, 그리고 오토바이를 굉장히 좋아하게 됐다고 한다. 이식받은 심장은 18세 소년의 심장이었다. 그 소년은 치킨너깃과 맥주를 좋아했고, 오토바이 사고로 죽었던 것이다.

심장은 이렇게 강하다. 그렇기 때문에 심장의 좋은 전류를 가장 사랑하는 사람에게 쏘는 것이 관계에 행복을 가져다준다. 앞주머니, 뒷주머니에서 손가락 하트를 꺼내보여줄 것이 아니라 행복한 내 심장에서부터 '쫑쫑이'를 쏘아주자. 손가락 하트를 심장에서 꺼내 상대방에게 쏘면서 입으로 "쫑쫑쫑쫑" 소리를 내는 것이다.

유치함은 행복의 먹이다. 그리고 행복은 퍼지기 마련이

다. 내 안의 있는 행복과 사랑을 두 배, 세 배, 여섯 배, 열두 배로 증식시키는 것은 이렇게 쉽다. 그러니 오늘부터 당장 쫑쫑이 총을 사용하자. 크큭! (쫑쫑이 총을 장전하는 소리다 ^^;)

3. 사랑의 계절을 타자

1년에 봄, 여름, 가을, 겨울이 있듯 사랑에도 계절이 있다. 화사한 봄날이 올 때도 있지만 춥고 외로운 겨울이 올 때도 있다.

1년 내내 봄이면 얼마나 좋을까. 그러나 추운 날이 있어야 봄을 더 귀하게 여기고 행복하게 보낼 수도 있는 법이다. 게다가 여름에 열심히 일을 해야 가을에 추수를 할 수 있다. 이런 사랑의 계절적 특성들을 이해하고 현명하게 대응하는 것이 필요하다.

날씨가 좋은 계절엔 별 노력 안 해도 따뜻한 기운 때문에 기분이 좋다. 그러나 어둡고 추운 겨울엔 나도 모르게 센티해지기 마련이다. 애인과는 관계없는 일로 힘든 시기를 보내고 있을 때, 권태기가 왔을 때, 또는 별 다른 이유 없이 관계가 삐걱거릴 때 우리의 사랑에 겨울이 찾아온다.

사랑에 겨울이 찾아왔을 땐 어떻게 해야 할까? 두말이 필요 없다. 그저 따뜻하게 하면 된다. 따뜻한 말을 하고, 따뜻한 행동으로 마음의 고드름을 녹이면 된다.

여기서 조심해야 할 것이 있다. 여름에는 새와 매미가 바쁘게 조잘거리듯 끊이지 않는 수다와 얘기도 어울린다. 그러나 겨울엔 조용하다는 것이 특징이다. 이 특징을 잘 이용할 줄 알아야 한다.

사랑에 겨울이 찾아왔을 땐 너무 많은 말은 역효과를 미칠 수 있다. 한두 마디, 또는 행동으로 얘기하면 된다. 사랑에 다시 봄이 찾아오길 기다리고 있겠다고 표현해주면 된다. 포옹 또는 짧은 문자나 손 편지가 무엇보다 효과적으로 표현해준다.

겨울이 지나면 반드시 봄은 온다. 밤이 지나면 아침이 꼭 오듯. 해가 뜨기 직전이 가장 어둡고 추운 새벽이라는 것을

기억하자. 힘든 시기를 겪어야만 예전의 빛보다 더 밝고 더
따뜻한 태양을 맞이할 수 있다.

"오늘도 사랑해!"

한 사람의 우주를 움직이는 것은

큰 폭풍이 아니라

아주 작은 속삭임이다.

SHINE 법칙
사랑 매뉴얼

어떤 커플이 이 세상에서 만날 확률은 얼마나 될까요?

간단하게 생각하면 만날 확률 안 만날 확률 반반이죠.

하지만 따져보면,

내가 남자로 태어나고, 그녀가 여자로 태어날 확률 1/2,

이 세상의 수많은 국가 약 200개국 중에

대한민국에서 태어날 확률 1/200,

대한민국에서도 같은 지역에서 태어날 확률은..

우리나라의 수많은 지역을

약 100개의 시, 도, 군, 읍, 면이라 해도 1/1000,

그리고 같은 시간대에 있을 확률

시간을 숫자로 환산하면 약 1/10000000000.......

즉 앞으로 아무리 좋은 성능의 컴퓨터가 나와도

이 확률을 계산할 수는 없습니다.

즉 어떤 커플이 이렇게 만나게 된 것은 인연이 아닙니다.

인연이라고 할 수 없습니다.

그것은 기적입니다.

— 김제동 어록 중에서

한 남자와 한 여자가 한 장소에서 한 때에 만나 한 마음으로 사랑을 하게 되는 것은 기적이다. 우린 흔히 그것을 사랑이라고 한다.

하지만 사랑은 만남에서 끝나는 것이 아니다.

그 후 사랑을 쭉 이어가는 것이야말로 진짜 기적이다.

아, 사랑. 우린 사랑을 한다. 노인도 하고, 연예인도 하고, 벌레도 하고, 심지어 만화 스컹크도 하는 것이 사랑이다.

모두 하는 게 사랑이지만, 아쉽게도 영원한 사랑을 하는 데에 정해진 매뉴얼은 없다.

세상의 70억 사람이 모두 다르듯 그 모두의 사랑 역시 다르다.

그 사람을 정말 사랑한다면 뒤집어엎고 샅샅이 파헤쳐보면서 스스로 매뉴얼을 만들어가야 한다.

내가 좋아하는 것을 해주는 이기적인 사랑 말고, 그 사람이 싫어하는 것은 하지 않는 지혜로운 사랑을 해야 한다.

내 애인을 잘 사랑하는 '사랑꾼'이 되기 위해 내 애인의 매뉴얼을 만들어 나가자. 매뉴얼을 만들기 위해선 다음 SHINE 법칙만 따르면 된다.

1. S (Symptom) 증상
2. H (How) 어떻게?
3. I (I) 나를 접목
4. N (New) 새로운 방법
5. E (Evaluate) 평가

예를 들어,

내 애인이 스트레스를 받을 땐

어떤 증상들이 나타나는지,

어떻게 하면 풀리는지,

풀기 위해서 내가 해줄 수 있는 것은 무엇인지,

다른 새로운 방법은 없는지,

그리고 효과가 있었는지에 대한 평가를 하면 된다.

또는

내 애인이 기쁠 땐 어떤 증상들이 나타나는지,

어떻게 할 때 기쁜지,

기쁘게 해주기 위해서 내가 해줄 수 있는 것은 무엇인지,

다른 새로운 방법은 없는지,

내 애인을 기쁘게 해주었는지에 대한 평가.

이것보다 더 구체적인 상황에도 활용될 수 있다.

내 애인은 내가 이 옷을 입을 때, 함께 공포 영화를 볼
때, 며칠간 떨어져 있을 때, 가장 친한 친구를 만나면, 가을

엔 등이 있다. 사랑 말고 호기심을 가지고 내 애인의 매뉴
얼을 차곡차곡 작성해보자.

그리하여 이 SHINE 법칙을 통해 내 애인이 스스로 빛
나는 것을 도와주자.

다름은 있되
틀림은 없다

난 뜨거운 프렌치프라이를 차가운 바닐라 소프트콘에 찍어 먹는 것을 좋아한다. 어느새 짠단의 혼합이 유행을 타서 근래에 홍대에서 이 혼합을 파는 것을 봤다. 그러나 20년 전 이렇게 먹던 나는 손가락질을 당했다. 그때나 지금이나 난 그 짭조름한 소금 끼와 부드럽고 단 바닐라 맛이 너무 잘 어울리는 것 같다.

"넌 그 여자랑 안 어울려"
"그 남자가 널 만나줄 것 같아?"
"어디서 만나도 그런 남자를 만나니?"

사람들 사이에 '어울림'도 유행을 타고 기준이 생긴다. 하지만 음식의 기준과 비슷하게 사랑의 기준도 다른 누가 정해줄 수 있는 것이 아니다. 나만이 정할 수 있다. 누가 뭐래도 프렌치프라이 같은 나와 바닐라 소프트콘 같은 내 남자친구가 어울리는 것처럼 말이다.

이 논리는 남녀 간에도 적용된다. 커플들은 마치 세상의 종말이 온 듯 싸운다. 그렇지만 대부분의 싸움은 사소한 문제로 시작된다. 사소한 문제가 생기는 이유는 간단하다. 한 커플이 연애를 시작하게 되기까지 남자와 여자는 각자의 방식대로 살아왔을 것이다. 그 방식이 전부인 줄 알아왔다. 적어도 20년은 다른 방식으로 살아왔을 남자와 여자는, 자신의 방식대로 살지 않는 상대방이 이해가 되지 않는다. 왜 '틀린' 방식으로 살까?

"그건 '틀린' 방식이니까 너도 내 방식대로 살아!"

종말의 싸움은 이렇게 사소한 이유로 시작된다. 이 남녀가 알아야 할 진실이 있다. 다름은 있되 틀림은 없다. 내 방식만이 옳다고 생각하며 살아온 만큼, 상대방도 그의 방식만이 옳다고 생각하며 살아왔을 것이다.

이 두 방식이 공존할 수 있는 방법은 하나뿐이다. 둘은 다른 것이지 틀린 게 아님을 인정하는 것. 6+3도 9이고, 4+5도 9이다. 내 방식이 세상에 유일한 방식은 아니다.

난 사실 아이를 가지고 싶지 않다. 하지만 내 남자친구는 자기에게 아이는 꼭 있어야 된다고 말한다. 끝나지 않을 싸움을 시작할 수 있겠지만, 우린 대신 미니돼지를 키우기 시작했다.

이게 싸움이었다면 양쪽이 다 진 것처럼 보일 수 있다. 하지만 결국 우린 필요한 것을 얻었다.

난 돼지의 사랑스러움에 빠져 아이도 키울 수 있겠다는 막연한 자신감이 생겼고, 남자친구는 반려동물을 키우는 것도 생각보다 쉽지 않다는 현실을 깨달은 것 같다.

사랑은 나의 반쪽을 버리고 상대방의 반으로 채워 하나를 만드는 것이 아니다. 우리는 원래부터 반쪽밖에 안 되는 존재라, 상대방의 전체로 나의 전체를 채워야 비로소 그때 하나가 되는 것이다. 그러니 사랑을 뺄셈이라 생각하지 말자. 사랑은 덧셈이다.

<사자와 기린의 사랑 이야기>는 이런 사랑의 공식을 잘 해석해주고 있다.

사자와 기린은 사랑하는 사이였다.

기린을 사랑하는 사자는 자기가 가장 좋아하는 고기를 사냥해 매일 가져다주었고, 기린은 사랑하는 사자를 위해 가장 높은 가지의 잎을 뜯어다 사자에게 바쳤다.

이 둘은 결국 자기에게 필요한 먹이를 못 먹은 채 죽고 말았다.

이렇듯 내가 생각하는 방식대로만 사랑하면 끝내 영양실조 걸린 사랑을 하게 된다.

싸움의 기술은
손가락질

    대부분 남녀 간의 싸움은 남자의 실수 또는 이유 모를 여자의 화남이나 삐짐으로부터 시작된다. 남자는 이해하려고 노력해보다가 사과를 한다. 사과는 여자에게 안 먹힌다. 그리곤 여자의 퀴즈시간이 시작된다.

    "뭐가 미안한 건데?",

    "내가 왜 화난 건지 알기나 해?",

    "오빠가 잘못한 게 뭔 줄 알고는 있어?"

    더 이상 싸우지 말자고 다짐한 게 고작 48시간도 안 됐다. 하지만 싸우는 방법을 모르기 때문에 양쪽이 지는 싸움만 하는 거다. 안 싸우는 커플이 좋은 게 아니다. 현명하게 싸울 줄 아는 커플이 건강하다는 말이다.

현명하게 싸우는 방법은 상대방에게 손가락질을 하는 거다. 손가락질이라고? 무슨 소린가 싶어 놀라는 이도 있을 터이다. 그렇담 당장 손가락을 바라보아라. 손가락질을 할 때 한 손가락은 상대방을 지적하지만, 나머지 손가락들

은 나를 지적한다.

　싸울 때 우린 경쟁심이 불타올라 몸을 던져 방어한다.
슉! 슉! 슈~욱!!!
　이해하려고 듣지 않고, 대답하려고 듣는다. 그저 방어하
기 위해서.
　특히 감성적인 여자들은 이것도 저것도, 세상 모든 것이
남자 탓이라고 소리 지른다. 하지만 깊이 들여다보면 화가
난 것은 단 한 가지 이유다. 그리고 사실 그 이유는 남자 탓
이 아닐 때도 많다.

　이때, 우리는 한 걸음 뒤로 물러나 나머지 손가락들로 나
를 지적해봐야 한다.
　혹시 나는 이 다툼에서 이기는 것에 더 큰 의미를 두고
있지는 않은가? 정말 나는 잘못이 하나도 없나? 입장이 바
뀌었으면 나는 어떤 생각을 했을까? 내가 진짜 화가 난 이
유는 뭘까? 그 이유에 왜 화가 나는 걸까?
　상대방에게가 아니라 나한테 물고 늘어져야 한다.

최근에 남자친구가 일 때문에 바빠져서 나에게 간단한 일 하나를 부탁한 적이 있었다. 얼마 있다 똑같은 일을 한 번 더, 그리고 한 번 더. 난 돈을 받고 일하는 그의 직원이 아닌데, 아무렇지 않게 일을 시키곤 고맙단 말을 성의 없이 툭툭 던졌다는 것이 기분 나빴다. 잔뜩 화가 나서 연락이 와도 와구작와구작 다 씹었다.

그러다가 깨달았다. 남자친구는 내가 화가 나 있단 사실조차 모르고 있다는 것을……. 나만 계속 혼자 화를 내고, 시간이 지날수록 더 화가 나는 것이었다. 그래서 남자친구에게 말했다.

"오빠가 나한테 이거 시키고 고맙다는 말도 제대로 안 해서 기분 나빠."

남자친구의 사과와 고맙다는 말을 받아낸 후, 나는 말을 이어갔다.

"예쁜 거 사줘."

그렇게 난 기분이 싹 풀렸다. 그리고 남자친구도 혼나지 않아서 마음이 편했을 것 같다. 싸움으로 번질 수 있었지만 평범한 대화로 해결이 되어버렸다. 그리고 난 예쁜 걸

얻어냈다. 으흐흐.

내가 화가 난 이유는, 내가 필요한 방식대로 사랑받지 못했기 때문일 거다.

개리 채프먼^{Gary Chapman}의 『5가지 사랑의 언어』에 나오는 사랑의 언어들: 인정하는 말, 함께하는 시간, 선물, 육체적인 접촉, 봉사 중 내가 필요한 사랑을 못 받으면 서운하기 마련이다.

싸움은 대화가 아니다. 아주 격한 활동이다. 심장이 빨리 뛰고, 면역력이 떨어지고, 혈압이 높아지고, 스트레스 호르몬이 올라간다.

소가 도살장에서 도살당하러 옮겨질 때 소를 꽉 잡는 장치를 사용하는데, 이 장치는 소의 심장박동을 늦추고 신진대사를 낮춘다. 결국 스트레스를 낮춘다는 것이다. 이 장치는 포옹과 같은 역할을 한다. 소를 안아주어 소에게 안정감을 주는 것이다.

이 장치를 쓰면, 싸울 때 느끼는 스트레스도 줄일 수 있다. 내 애인이 화가 나서 소리를 지르고 있을 때 꽉 안아주면 된다. 우린 자존심, 분위기, 감정을 챙기느라 이런 행동은 절대 안 하려고 하지만, 오히려 애인이기 때문에 가능한 일이다.

내 애인은 그저 사랑하는 사람이기만 한 게 아니기 때문이다. 가장 친한 친구이며, 또 다른 신분이며, 같은 공동체와 문화의 일원이다. 포옹 하나로 '이 사람은 내 편'이라는 것이 금방 다시 생각나게 된다. 결국 사람이 듣고 싶은 말은 이것이기 때문이다: 너는 혼자가 아니라는 것, 너의 생각이 옳다는 것!

싸울 때 우리가 가장 크게 느끼는 감정은 '분노' 그리고 '외로움'이다. 분노를 멈출 수 없다면 외로움이라도 멈추어보는 건 어떨까?

그러니 감정이 격해지고 목소리가 커질 땐 잠시 말을 멈추고 몸을 사용하자. 손가락질, 그리고 포옹.

거꾸로
버킷리스트

모든 사랑엔 유효기간이 있다. 반드시 끝이 오는 사랑을 후회 없이 하는 것이란 후회 없는 삶을 사는 것과 같다.

사람들이 살아가면서 가장 후회하는 것에는 공통점이 있다고 한다. 바로 '하지 않은 것'에 대한 후회다. 이보다 더 충격적인 것은, 우린 대부분 무엇이 후회되는지 인식하면서도 되돌리려는 노력을 크게 하지 않는다는 점이다.

우리에게 약속된 것은 없다. 단 하루도!

우리는 후회 없는 인생을 살기 위해 버킷리스트를 작성

한다. 죽음을 완곡한 표현으로(글쎄, 더 섬뜩한 것 같기도) '버 킷을 찬다^{kick the bucket}'고 한다. 이 표현은 목줄을 감고 뒤집힌 양동이 위에 서서 그 양동이를 차는 자살 방법에서 유래 된 것이다.

이 표현에서 양동이는 뒤집혀 있다. 우리는 이 사실을 알 아채지 못했던 것 같다.

앞으로 어떠한 일을 할 것인지에 대한 버킷리스트는 이 제 식상하다. 그리고 버킷리스트는 아직 못해본 것을 강조 하여 부정적인 의미를 지닌다.

'거꾸로 버킷리스트'는 내가 살아온 인생에 대해 더욱 감사하며 살 수 있는 긍정적인 도구다. 낡고 먼지 낀 사랑 도 새것처럼 만들어버릴 수 있는 기적의 도구다.

영화나 책에서 봤거나 직접 비슷한 경험을 했을 수도 있 다. 죽기 바로 전의 순간, 지나온 인생이 필름처럼 한 장면 한 장면 보이는 것. 그 순간순간들이 모두 소중했음을 그 제야 깨닫고 죽게 되는, 또는 한 번의 새로운 기회가 주어지는 것 말이다. 그런 소중함을 깨닫자는 원리다.

　그동안 때타고 녹슬어버린 기억의 양동이를 뒤집어서
그 안에 있는 것들을 털어보자. 기쁨, 아픔, 행복, 슬픔, 고
통, 황당함 등 함께 나누었던 사건들을 차근차근 꺼내어
보고, 아무리 아팠던 기억이어도 '고마움'이란 색안경을
끼고 바라봐야 한다. 힘든 일들도 함께 버텨내준 내 애인
에 대한 '고마움', 이만큼 성숙해진 우리 관계에 대한 '고
마움', 고통으로 인해 더욱 강해진 나의 모습에 대한 '고마
움'…… 그 어떤 힘든 일도 버틴 사랑을 축하할 수 있는 경
험이 될 것이다.

　우린 어제를 그리워하며 산다.
　"1년 전만 해도 여기 주름이 없었는데……."
　"우리 예전 같지 않아……."
　"내가 왕년엔……."
　그렇지만 내일이 되면 오늘을 또 그리워하게 될 것이
다. 그러니 오늘이 가기 전에 오늘의 소중함을 알고 감사

해야 한다.

하지만 현재에 대한 소중함을 알았으니 '끝!'은 물론 아니다. 진짜 재미있는 부분은 이때부터 시작이다. 느려져 가는 사랑을 재시동하는 단계가 남아 있다.

자다가 몸에 경련이 일어나듯 움찔! 해서 깬 적이 있을 것이다. 몸에 일정 시간 동안 움직임이 없으면, 뇌는 몸이 죽어가고 있다고 인식하여 신호를 보낸다고 한다. 일종의 자가 심폐소생술이라 보면 된다. 사랑에도 일정 기간 동안 움직임이 없으면 심장을 다시 뛰게 하는 것이 필요하다. 열정으로 불태우는 것 말고. 진짜 심장 박동을 빠르게 뛰게 하는 것 말이다.

연구에 의하면, 롤러코스터를 탈 때 느끼는 심장박동이 사랑을 처음 느낄 때의 심장박동과 같다고 한다. 그 느낌을 사랑이라 착각하여 옆에 탄 사람을 사랑하게 된다고 한다. 이 논리를 적용하는 것이다. 식어가고 있는 사랑, 또는 이미 죽은 사랑에 심폐소생술을 하기 위해 심장박동을 빠르게 만드는 것이다.

심장을 뛰게 할 수 있는 장치는 여러 가지가 있다. 애인과 함께 운동을 하고, 춤을 추고, 노래방을 가고, 공포 영화를 보고, 등산을 하고, 롤러코스터를 타자. 그리고 새로운 것을 함께 배우거나 도전하자. 낯선 사람의 관점으로 내 애인을 새롭게 바라보는 것이다.

내 남자친구는 오랫동안 운동선수를 했던 사람이다. 남자친구가 복싱 시합, 무에 타이 시합을 하는 것은 여러 번 봤다. 그러다가 만난 지 1년이 조금 넘어 서로 익숙해져 가고 있을 때쯤, 우린 같이 헬스장에서 운동할 기회가 생겼다. 멀리서 남자친구가 운동을 하는 모습이 보였다. 순간 나도 모르게 넋을 놓고 바라봤다.

"원래 저렇게 멋있는 사람이었나?"

새로운 눈을 가지고 보게 된 것이다. 첫 데이트 때 너무 설레서 심장이 벌렁거리고 눈을 똑바로 쳐다볼 수 없었던 그때의 감정이 살아나는 것 같았다.

멈춘 것 같은 사랑에 조금의 경련을 일으켜 다시 일으켜 세우자.

운명은 기회의 문제가 아니라 선택의 문제이다.
운명은 기다려야 할 일이 아니라, 성취해야 할 일이다.

— 윌리엄 제닝스 브라이언

나에게
연애를
가르친

세 명의
남자친구

폭력적인
남자

그는 따뜻하고 밝았다. 내가 없으면 세상이 무너질 것처럼 나를 대해줬다. 온 힘을 다해 날 사랑해줬고, 그 사랑에 취해 헤어 나올 수 없었다. 관계가 깊어질수록 그의 질투와 집착이 심해졌다. 나는 그마저 나를 너무 사랑해서 나오는 행동이라고 그의 편을 들었다.

집착의 강도가 심해지면서 그는 폭언과 폭력을 쓰기 시작했다. 그리고 나는 여전히 그것도 나를 너무 사랑해서 그런 거라고 그의 편을 들었다. 그는 나를 조종할 줄 알았고, 싸우지 않을 땐 처음 만났을 때와 똑같았다. 따뜻하고, 밝고, 내가 없으면 세상이 무너질 것처럼…….

그러나 싸울 땐 삶의 위협을 느낄 정도로 무서웠다. 내가 연락을 안 받으면, 그는 새벽에라도 술 마신 몸으로 벽을 타고 올라와 2층의 내 창문을 따고 들어왔었다.

몇 년 후에 알았다. 폭력적인 관계에서 헤어 나올 수 없는 것은 피해자가 바보이기 때문이어서가 아니다. 강하기 때문이다. 그만큼 견딜 수 있어서다. 가해자인 그는 피해자인 내가 필요한 사람인 것처럼 느끼게 했다. '다른 면에서는 완벽하지만 딱 한 가지 부족하니 이것만 내가 고쳐주면 되겠다', '이 사람은 나 아니면 안 돼!'라는 생각을 들게 했다. 하지만 그의 사랑과 집착처럼 보이는 행동들이 나의 자존감을 내려버렸다.

"치마 입지 마."
"구두 너무 높은 거 신지 마."
"머리 기르지 마."
"그 일은 너에게 안 어울려."

마치 남에게 멋있거나 예쁘게 보이면 빼앗겨 버릴까 봐

불안한 것처럼 말했다. 하지만 날이 지날수록 그런 집착들에 짜증이 섞이고, 점점 나의 본 모습은 보기 싫다는 것처럼 들리기 시작했다. 그렇게 자존감이 낮아진 나는 "나를 사랑할 수 있는 사람은 이 사람밖에 없구나."라고 생각하게 됐다. 그렇게 내가 필요한 그를 나도 필요로 하게 되어버렸다.

회복시간은 더 힘들었다. 이제 날 사랑해줄 수 있는 사람은 없을 것 같았다. 사람을 믿을 수 없을 것 같았다. 내 판단을 믿을 수 없었고, 모든 게 두려웠다. 그러나 가장 힘든 것은 내 자신을 용서하는 것이었다.

하지만 조금씩 깨달았다. 나는 폭력적인 관계를 견뎌낼 만큼 강한 사람이고, 그 악순환을 깨고 나온 용감한 사람이었다. 그렇게 난 조금은 이기적인 자신을 찾아 나섰다. 내가 좋아하고 원하는 내 자신이 되어가려고 노력했다.

완벽한
남자

    폭력적인 사랑에서 벗어나고 정신을 차려보니, 난 모든 남자에게서 정나미가 떨어지고 말았다. 결혼도 하지 않겠다고 선포했다. 그리고 어떤 의미든, 의도를 가지고 다가오는 남자라면 일단 등 돌리고 무시했다.

    10년이 넘는 오랜 시간 동안 한 번도 솔로인 적이 없었던 난 처음으로 남자친구 없이 지내봤다. 그저 사람과 사람 사이에서 치유와 휴식을 찾았다. 2년이 지난 후 난 나의 지난 모습들을 되찾기 시작했다. 그리고 폭력적인 그 남자와 반대되는 모습만 보이는 한 남자에게도 마음을 열기 시작했다.

그는 사실 직업도 없는 고시생이었지만, 내가 따지는 '스펙'으로 봤을 땐 '완벽한 남자' 같아 보였다. 우린 종교도 같고, 나이도 알맞았고, 말도 통했고, 비슷한 가치관들을 가지고 있는 듯했다. 그리고 무엇보다 그는 나에게 절대 상처 줄 남자는 아니라고 확신했다. 난 확신에 차 있었다. 우리가 서로를 믿고 사랑한다고 생각했고, 곧 결혼도 할 것이라 믿었다. 그는 '완벽한 남자'였으니까.

부모님께 인사시키고, 그의 부모님도 찾아뵙고, 모든 게 퍼즐 맞추듯 잘 진행되었다. 그는 '완벽한 남자'였으니까.

그런데 1년이 지나고 2년이 지나고……. 우린 무너지기 시작했다. 그가 변한 건 없었지만, 폭력적인 사랑으로부터 받은 상처가 치유되면서 내 눈이 뜨이기 시작했다.

그간 내 방어기제는 날 눈멀게 해 내 자신을 온전히 볼 수 없게 했었다. 그는 여전히 '완벽한 남자'였지만, 나에게만은 완벽하지 않은 남자라는 걸 알았다. 우린 너무 닮아

보여서 퍼즐조각처럼 맞을 줄 알았는데, 사실상 퍼즐은 반대되는 조각이 맞는다는 걸 잊고 있었다.

사람들은 자주 내게 "이상형이 뭐예요?"라고 물어본다. 난 사실 별 다른 것 없이 어느 순간부터 '행복한 사람'이라고 대답하기 시작했다.

아무리 꼼꼼하게 200가지의 조건들을 써내려가며 이런 사람만이 내 이상형이라 할지라도, 그런 완벽한 이상형을 실제로 만나게 되면 그게 내 진정한 이상형이 아니었다는 걸 알게 된다. 그리곤 그 200가지에서 조건들을 하나씩 하나씩 지우게 된다. 그렇게 남은 나의 이상형의 조건은 딱 한 가지였다: 행복한 사람일 것!

행복한
남자

   난 나의 '행복한 남자'와 대화를 나눈 지 단 15분 만에 알았다. 이 남자는 나와 반대되는 퍼즐 모양이란 것을. 반대처럼 생긴 우린 서로를 바라보면 거울을 바라보는 것처럼 닮았다.

   이 남자는 행복하다. 그리고 이 남자란 거울을 보고 있으면 나도 행복해진다. '완벽한 남자'를 만났을 때 내가 따지던 '스펙'이란 것을 따지자면 '행복한 남자'는 모자라 보일 수도 있다. 우린 종교도 다르고, 나이 차도 많고, 서로에 대해 알아갈 기간이 없이 만나자마자 연애를 시작했다. 하지만 우리가 함께하는 시간은 자유롭고 쉽다. 그냥 '그'와 '나', 그게 다다.

사랑과 연애라는 것. 내가 경험했던 것은 내가 예상했던 것, 그리고 남들이 얘기해주었던 것과는 너무 다르다.

"돈 잘 버는 사람에게 시집가는 게 성공이야."
"무조건 착한 사람 만나."
"남자는 키가 커야지."

옳지 않다. 물론 틀린 것도 아니다. 사람이란 혈액형이나 별자리로 쉽게 구분되는 존재가 아니다. 우리가 이해할 수 없을 만큼 복잡하고 다양하며, 이해하기 쉽지 않다.

내가 사랑할 사람은 내가 찾아야 한다. 나를 '나'답고, '나'스럽게 만들어주고, '나' 자체로 사랑해주는 사람……. 그런 사랑을 만나는 게 연애의 성공이지 않을까?

나는 사랑으로 인해 정말 많이 뜯기고 헐었었다. 그리고 정말 어렵게 행복한 내 남자를 찾고 행복한 나를 찾았다.
물론 우리도 당연히 많이 싸운다. 남자이고 여자이기 때문이 아니다. 그도 사람이고 나도 사람이기 때문이다.

완벽하지 않기 때문에 우리의 사랑은 아름답다. 마치 일본의 '긴쓰기'처럼. 긴쓰기란 파손된 도자기를 옻으로 접착하고 그 이음매를 금으로 장식하는 기법이다. 긴쓰기로 수선하면 깨지기 전보다 가치가 높아진다고 한다.

이게 사랑이다. 완벽하지 않기에 더! 아름답다.

사랑은 오래 참고 사랑은 온유하며 시기하지 아니하며

사랑은 자랑하지 아니하며 교만하지 아니하며

무례히 행하지 아니하며

자기의 유익을 구하지 아니하며 성내지 아니하며

악한 것을 생각하지 아니하며

불의를 기뻐하지 아니하며 진리와 함께 기뻐하고

모든 것을 참으며 모든 것을 믿으며

모든 것을 바라며 모든 것을 견디느니라.

— 고린도전서 13장 중에서

   '사랑은 나의 삶이고 전부이며 우주다.'라고 생각해본 적은 한 번도 없다. 사실 난 사랑하기 참 어려운 사람이다. 호랑이 띠인데다가 B형이다. 성격 테스트를 하러 갔더니, 공주에다가 말괄량이라고 했다. 내가 원하는 걸 다 얻어야 하고, 그걸 못 얻었는데 재미까지 없으면 가차 없이 걷어차 버리는 성격이란다. 그런 내가 사랑에 대한 책을 쓴다고? 언뜻 말이 안 되는 것 같았다.

   그러나 사랑에 대해 생각하고, 공부하고, 인터뷰하고, 자료를 뒤지면서 깨달았다. 우린 사랑에 대해 가르침 받고 싶은 게 아니라, 우리와 같은 사랑을 겪고 이해하는 사람이 있다는 것이 알고 싶은 게 아닐까? 유레카~!

내가 전문적으로 사랑이나 심리, 상담을 공부한 적이 없다는 단점에 어느새 감사하고 있었다. 어느 연애 전문가보다 당당히 세상이 필요한 책을 낼 수 있는 것은, 전문가의 말뿐인 이론보다 독자와 같은 눈높이에서 같은 경험을 겪고 같이 배우는, 진짜 뚝배기 연애교육을 나눌 수 있기 때문이다.

우리는 어딘가에 있을 '완벽한 소울메이트'를 기대하며 사는 것 같다. 하지만 결국 내가 바라는 대로, 있는 그대로의 나를 사랑해줄 사람은 절대 나타나지 않을 것이다.

그러므로 내가 필요한 사랑은 나 자신에게서 충족 받아야 한다. 때문에 나를 사랑하는 누군가가 나타나면, 그건 이미 완벽한 '치느님'에 맥주까지 얻게 되는 것과 같은 현상이다.

나 스스로도 이미 충분히 멋진 존재이지만, 더욱 재밌고 멋진 시간을 보낼 수 있는 누군가가 생긴다는 건 또 얼마나 멋진 일인가! 이런 메시지를 전달하고 싶었던 것 같다. 그리고 나에게야말로 정말 필요한 대답이었다.

　책을 쓰는 과정에서 참 많이 깨지고 배웠다. 책의 핵심 주제 그대로 내가 사랑에 아는 모든 것이 무너졌고, 진실한 사랑을 알아가는 길에 서게 된 것 같다.

　그런 의미에서 나를 진실한 사랑의 길로 인도해준 독자들에게 감사드린다.

사랑하는 것이 인생이다.
사람과 사람 사이의 결합이 있는 곳에 기쁨이 있다.

— 괴테

행복은 입맞춤과 같다.
행복을 얻기 위해서는
누군가에게 행복을 주어야만 한다.

— 디어도어 루빈

나에게 연애를 가르친 세 명의 남자친구

초판 1쇄 발행 2016년 8월 26일

지은이 김지윤
발행인 김제구
펴낸곳 리즈앤북
인쇄·제본 한영문화사

출판등록 제22-741호 (2002.11.15)
주소 121-842 서울시 마포구 잔다리로 77 대창빌딩 402호
전화 02)332-4037 **팩스** 02)332-4031
이메일 ries0730@naver.com

값 12,000원
ISBN 979-11-86349-51-9 13190